꧁

Estos relatos que habéis leído
contienen algunos mensajes.
Son mensajes sencillos, sinceros, verídicos,
algunos esotéricos.
Y todos quieren señalar
un lugar,
un sueño,
o un camino…
Pero el objetivo de buscar
en el interior de estos mensajes,
es tarea de cada lector…

Gracias

LECCIONES PARA VIVIR

PHIL STUTZ

LECCIONES PARA VIVIR

LO QUE SOLO LA ADVERSIDAD PUEDE ENSEÑARTE

Ediciones

Título original: *Lessons for Living*

Diseño de cubierta: Chris Allen
Dirección de arte de cubierta: Greg Mollica

© 2023, Phil Stutz

Publicado por acuerdo con Phil Stutz, a través de Creative Artists Agency, 167-169 Wardour Street, Londres, W1F 8WP, Reino Unido

De la presente edición en castellano:
© Distribuciones Alfaomega S.L., Gaia Ediciones, 2023
    Alquimia, 6 - 28933 Móstoles (Madrid) - España
    Tel.: 91 617 08 67
    www.grupogaia.es - E-mail: grupogaia@grupogaia.es

Primera edición: marzo de 2025

Depósito legal: M. 2140-2025
I.S.B.N.: 978-84-1108-150-4

Impreso en España por:
Artes Gráficas COFÁS, S.A. - Móstoles (Madrid)

Dedicado a Barbara McNally,
quien lo empezó todo

Índice

Introducción

PUEDE QUE ESTÉS LEYENDO estas líneas porque leíste *El méto-do Tools* o porque me viste en el documental de Netflix *Stutz*. Se me conoce como el «psiquiatra de las estrellas», una etiqueta que me molesta tanto como seguramente a ti. Lo mejor que puedo hacer para corregir semejante entuerto es explicar lo que he aprendido como psiquiatra en los últimos cuarenta años, durante los cuales desarrollé un nuevo tipo de psicoterapia junto con mi colega de profesión, Barry Michels. Lo que distingue esta nueva terapia de los modelos tradicionales es un aspecto clave: funciona.

Me crie en Nueva York y, tras la secundaria, fui al City College y a la Escuela de Medicina de la Universidad de Nueva York, donde recibí mi formación médica y psiquiátrica. Después de graduarme, estuve cinco años trabajando como psiquiatra en la prisión de Rikers Island, además de ejercer en consulta privada. Sin embargo, cada vez estaba más desmoralizado ante la incapacidad de la psiquiatría para ayudar de forma real a los pacientes.

Mudarme a Los Ángeles no me devolvió en modo alguno la esperanza. Todavía estaba decidido a encontrar un mejor sistema; pero, sin nadie a quien acudir en busca de consejo, me sentía a la deriva. Por pura terquedad, seguí buscando, a diestro y siniestro, ideas y respuestas, hasta que finalmente las encontré en el único grupo en el que nunca se me había ocurrido buscar: mis propios pacientes.

Descubrí que, si prescindía del libro de normas y los trataba con el respeto que cualquier ser humano querría —y no como a un conjunto de anomalías genéticas o psicológicas—, estaban dispuestos a seguirme adondequiera que mis instintos me llevaran. Esto fue una verdadera suerte, porque la única forma de avanzar era mediante ensayo y error. Alentado por mis pacientes, comencé a desarrollar algo que bauticé como el *método Tools*.

Este método no se asemejaba en nada a la psicoterapia que se practicaba por entonces. En aquella época, yo estaba tremendamente frustrado porque sentía que la terapia tradicional estaba diseñada para que a los pacientes les resultase imposible cambiar: estos se veían atrapados en un pasado que ya no existía, o vivían en la fantasía de un futuro que aún no había llegado —y que tal vez nunca lo haría—. Tan solo el método Tools era capaz de abrir la puerta a la infinita sabiduría del presente.

Las personas que recibían terapia con el método Tools tenían tres aspectos que las caracterizaban:

1. **Los deberes:** es ingenuo pensar que el paso por la consulta de un terapeuta basta para cambiar de vida. Y es que la vida no es algo estático que puedas tapar con una capa de pintura; es un proceso y, como tal, debes trabajar en él a diario si quieres introducir cambios.

2. **El avance:** la terapia clásica te mantiene en el pasado, pues parte de la base de que lo más importante es comprender lo que te ocurrió entonces. En cambio, el método Tools se centra en dar el siguiente paso hacia el futuro.

3. **Las fuerzas superiores:** no somos más que una ínfima parte de un universo infinito. No podemos hacer nada

por nosotros solos. Pero, en un milagro silencioso, el universo pone sus energías al servicio de la evolución humana, y no hay momento en el que esto se haga más evidente que cuando la vida de alguien se está desmoronando, ya sea porque la persona se ha arruinado, se ha sentido rechazada, tiene la autoestima por los suelos, o cualquier otra cosa. En esos momentos de desesperación estamos dispuestos a trascender nuestra limitada visión del universo. Si no admitimos la existencia de fuerzas superiores, es imposible que estas nos ayuden. Por eso necesitamos sentirlas en el momento presente. El método Tools nos brinda justamente la capacidad de encarnar tales fuerzas.

Barry y yo sabíamos que esta información era demasiado valiosa como para guardárnosla para nosotros solos. Así fue como acabamos escribiendo juntos *El método Tools* y su continuación, *Coming Alive*. Ambos tuvieron una buena acogida y dieron a conocer el método a un público más amplio. Los libros representaban una forma accesible de traer las fuerzas superiores a nuestras vidas. Aun así, éramos conscientes de que había una parte del método Tools que resultaba imposible de transmitir por medio de esos libros de tipo instructivo. Había toda una serie de conceptos de otro nivel que yo no sabía cómo dar a conocer.

Y el tiempo fue pasando.

Un buen día, mientras echaba un vistazo a mi oficina, encontré en una estantería un montón de ensayos cortos que redacté entre la década de los noventa y principios de los años dos mil. Los escribí cuando ya había desarrollado el método, pero antes de que Barry y yo lo plasmásemos en un libro. Olvidados por completo, aquellos textos básicamente se habían perdido en el tiempo.

Los escribí para una publicación de salud y bienestar llamada *A Real Life*, que estaba adelantada a su tiempo. Todo
aquello fue antes de la llegada de Internet: se trataba de una
publicación en papel que se distribuía de manera local.

Su editora, Barbara McNally, interesada por mi trabajo,
me dio la oportunidad de escribir una columna para presentar
algunas de mis ideas. Cada ensayo abordaba algún problema
frecuente, como la depresión, la rabia o la soledad. Al verlos
sobre la repisa, recordé que los lectores de aquella publicación, incluso aquellos que devoraban libros de autoayuda, es-
cribían diciendo que aquellos textos les parecían un soplo de
aire fresco.

Me di cuenta entonces de que necesitaba compartirlos
con un público más amplio, pues no solo abordaban los temas
de mayor envergadura y calado que estaba tratando de transmitir, sino que, además, eran incluso más relevantes en la actualidad que cuando los escribí, años atrás.

¿Por qué?

Pues porque los problemas allí tratados no han ido a mejor, sino a peor. Como psiquiatra, todos los días soy testigo de
primera línea de los efectos de este empeoramiento. La pandemia, la proliferación de las redes sociales, la codicia o las
divisiones que causa nuestro disfuncional sistema político son
algunos de los aspectos que han contribuido a aumentar aún
más nuestra sensación de aislamiento. Años atrás, los pacientes entraban en mi consulta y dejaban los problemas del mundo a un lado hasta que terminaban de hablar de sí mismos.
Ahora, los problemas personales del paciente tienen que quedarse fuera para poder dedicar la sesión a abordar los problemas del mundo. Esto tiene cierta lógica: ya no es posible creer
que nuestros problemas personales no afectan al mundo, y
viceversa. En las páginas siguientes trataré más en profundidad este fenómeno.

(En este sentido, también debo señalar que revisé los ensayos para que se ajustasen lo mejor posible al mundo actual y, para mi sorpresa, los cambios que tuve que hacer fueron mínimos. Con todo y con eso, no me pareció necesario incluir el pasaje en el que mencionaba al buscapersonas que tenía por aquella época).

Si no crees en las fuerzas superiores, lo más probable es que la terapia te haga sentir peor que antes. Trabajar en uno mismo no tiene por qué ser un acto egoísta. Hacerlo nos proporciona más energía; no nos la quita. Y esa energía es la que nos permite transformar el mundo.

Este libro te muestra el porqué y el cómo.

LECCIONES PARA VIVIR

Una mera ilusión

NUESTRA CULTURA NIEGA la naturaleza de la realidad. Nos hace la promesa de que podemos vivir en un mundo ideal donde las cosas nos vienen dadas, un mundo en el que es posible evitar las experiencias desagradables y donde nunca falta la gratificación inmediata. Pero lo peor de todo es que se da por sentado que, si no vives en ese mundo, tienes algún tipo de problema. Ese mundo ideal no es más que una quimera. No importa lo prometedor que pueda parecer: sencillamente no existe.

Hagamos un ejercicio de honestidad. Tus propias experiencias vitales no habrán sido, ni por asomo, ideales. Sin embargo, lo real es lo que has experimentado, y no lo que te habría gustado experimentar. En resumidas cuentas, la naturaleza de la realidad es la siguiente:

- El dolor y la adversidad forman parte de la vida.
- El futuro es incierto.
- Cualquier logro requiere disciplina.
- No eres alguien especial. Hagas lo que hagas, no es posible evitar estos aspectos de la vida.
- Lo anterior es algo inmutable.

Por supuesto, la vida también comprende aspectos como el amor, la alegría, la sorpresa, la trascendencia y la creatividad, pero estos siempre van de la mano de los cinco puntos anteriores.

Aun así, nunca faltan las personas a las que la adversidad de la vida cotidiana no pareciera afectarles. Los medios de comunicación nos las muestran a diario. Tienen un físico envidiable, carecen de preocupaciones y no experimentan dudas con respecto al curso que toma su vida. Jamás les falta amor o compañía, y son seguras de sí mismas. Tales personas parecen haber abolido los aspectos negativos de la vida, y es justamente ese poder lo que las hace tan especiales. Hoy en día, nos venden productos con la promesa de que, con ellos, podremos convertirnos en un miembro más de ese grupo, y todos sentimos la presión de convencer a los demás de que formamos parte de él. Este fenómeno afecta tanto al niño pobre que no sabe si ese día tendrá un plato sobre la mesa como al multimillonario que posee seis viviendas. Cuando todo el mundo actúa como si una fantasía fuese real, esta empieza a parecerlo.

Pero solo desde fuera. En tu propia vida, te ves incapaz de asumir riesgos. No sabes cómo tomar una decisión. Tu futuro económico es incierto. Tu rostro tiene una nueva arruga. No tienes tiempo para educar a tus hijos como es debido. En pocas palabras, te resulta imposible llevar las riendas de tu vida. Y no hay nada malo en ello: es lo que se siente al estar vivo. El problema es que el otro grupo se ha convertido en la norma que has de seguir, y tu autoestima empieza entonces a depender de ser como uno de sus integrantes. Cuando te ocurre alguna adversidad, te da la sensación de que está pasando algo que no debería suceder, y te sientes un fracaso por el simple hecho de vivir las experiencias que, de manera natural, forman parte de la vida.

Pero ¿acaso existe otro modo de vivir la vida? ¿Es posible vivirla con sus conflictos, incertidumbres y decepciones sin dejar de sentirte bien en tu piel? Sí, lo es, pero requiere un cambio radical de enfoque. El primer paso consiste en darte cuenta de que la vida es un proceso. Esto es algo que olvidamos debido a nuestra cultura, que nos sugiere algo tan destructivo como que podemos alcanzar una vida perfecta y hacer que se quede así. El mundo ideal con esas personas extraordinarias es como una instantánea o una postal: un momento que, congelado en el tiempo, jamás existió. En cambio, la vida real es un proceso dotado de movimiento y profundidad, a diferencia del reino de la ilusión, que no es más que una imagen muerta y superficial, aunque sumamente tentadora. Al fin y al cabo, el caos no tiene cabida en un lugar así.

Así pues, ¿cómo puedes reprogramarte para preferir lo real y vivo, aunque a menudo resulte doloroso? La clave reside en una sencilla verdad a la que nos resistimos: la vida se compone de acontecimientos, y la única forma real de aceptarla consiste en admitir los acontecimientos que la componen y que nunca dejan de sucederse. La fuerza motriz del universo se pone de manifiesto en lo que nos va pasando en nuestras vidas. Pero ¿por qué querríamos resistirnos a semejante verdad? Pues porque esa verdad nos coloca en un mundo que no es perfectible ni predecible. El hecho de que nadie sepa lo que está por acontecer entraña cierta sensación de asombro y misterio, pero también nos hace sentir pequeños y fuera de control. El reino de la ilusión nos permite creer que estamos al margen de esa sucesión de acontecimientos. Sin embargo, algo así equivaldría a una muerte espiritual, ya que ese encadenamiento infinito de acaecimientos es lo único que nos permite estar en contacto con un universo vivo y lleno de sentido. Si el destino es lo que surge de entretejer todo aquello que nos va sucediendo en la vida, la salud mental es entonces la capacidad de aceptar nuestro destino con entusiasmo.

Gestionar lo que nos ocurre en nuestro día a día se seme-
ja, de algún modo, al hecho de ser un buen padre o una buena
madre. No basta con estar ahí: se necesita cierta visión y una
serie de herramientas. Sin preparación, resulta imposible lidiar de manera constructiva con lo que nos depara la vida. ¿Y
por qué hay tan poca gente preparada para ello? Pues porque
la mayoría de las personas esperan que nunca pase nada, y
mucho menos adversidades. Creen que el mundo ideal es real
y que pueden vivir en él con paz y tranquilidad. En definitiva,
juegan a la lotería cada día. En nuestra cultura, son muy pocos los que se preparan para cualquier cosa.

Una forma de hacerlo consiste en integrar la filosofía que
explicaré a continuación, la cual te permitirá cambiar tu forma de ver los acontecimientos negativos. Si la tienes presente,
tu percepción de lo que te sucede en la vida dará un giro de
ciento ochenta grados. La filosofía de los acontecimientos vitales se basa en lo siguiente:

- Las adversidades forman parte de la vida.
- El hecho de que estas ocurran no implica que el pro-
  blema esté en ti.
- Toda adversidad encierra una oportunidad.
- Desarrollar habilidades espirituales es más importante
  que obtener un buen resultado.

Aunque es imposible que sepas de antemano las adversidades que te deparará el futuro, esta filosofía te ayudará a que
nada de lo que pase te tome por sorpresa, ya se trate de un
malentendido, un abandono, un riesgo, un conflicto, una pérdida o cualquier otra cosa. Esta filosofía te brinda el espacio
necesario para poder dar un paso atrás, hacerte una imagen
precisa de lo ocurrido y valorar la experiencia por algo más
que los detalles inmediatos. Lo sucedido pasa a ser, entonces,

algo genérico. Vivir un abandono, por ejemplo, nos enseña a desarrollar una serie de habilidades que nos hacen más independientes en términos emocionales. Por el contrario, cuando no pones palabras a lo ocurrido, no puedes ver el valor que encierra semejante vivencia: lo único que quieres es que todo termine. Y, en cuanto lo hace, te olvidas de la historia. El aprendizaje es nulo. Definir un acontecimiento —o, al menos, calificarlo de adversidad— te permite sacarle jugo, en lugar de que este te exprima a ti.

Es mejor pensar que las habilidades que nos enseñan los acontecimientos vitales no son tanto de orden psicológico como espiritual, pues ello nos recuerda que lo que nos ocurre en la vida —sobre todo si es algo negativo— es la forma que tiene este universo repleto de sentido de conectar con nosotros. Estas habilidades espirituales nos ayudan a relacionarnos con el universo, puesto que nos permiten encontrar un sentido a lo que nos sucede en nuestro día a día.

Te invito a hacer una prueba. La próxima vez que te enfrentes a una adversidad, aplica la filosofía de los acontecimientos. Observa lo que sientes. Si eres de mente abierta y practicas esto con regularidad, empezarás a vislumbrar, por vez primera, el sentido superior de lo que te ocurre, y tu experiencia dará un vuelco. Cuando te esfuerzas por hacer de los acontecimientos tus mejores maestros, la experiencia real pasa a convertirse en la base de tu filosofía.

Ese es el propósito de la vida humana.

Salir del pozo

A VECES, COMO MÉDICO, lo más difícil es *no* recurrir a la medicación. De vez en cuando, tengo pacientes que insisten en que les extienda una receta, a lo que debo negarme por su propio bien. Cuando se les da un buen uso, los antidepresivos, como el Prozac, pueden ser una auténtica bendición. Sin embargo, en algunos casos, la cura resulta ser peor que la enfermedad. Este habría sido el caso de Joe, un hombre de treinta años que daba clases de inglés en una universidad de prestigio. Era un profesor con muchísimo carisma, que brillaba con luz propia en las salas de conferencias y eventos sociales. Además, se estaba convirtiendo en un escritor de ficción consumado, con un superventas ya publicado. El problema era que, cuando no tenía compromisos a la vista, caía en una depresión que lo sumía en la parálisis y que le duraba hasta que surgía una nueva conferencia que dar o una nueva firma de libros a la que asistir. Los fines de semana lo pasaba fatal, y las vacaciones de mitad de curso y de verano, aún peor. Una postal habitual era encontrarlo holgazaneando frente al televisor, con la casa hecha un desastre y sin tener la más mínima idea de lo que iba a hacer el resto del día. Se quedaba atrapado en algún lugar entre un niño perdido y un anciano desilusionado, con su carrera literaria a punto de llegar a un final prematuro. Tenía una visión de su situación completamente distorsionada, que resultaba casi cómica. Cada vez que estaba de bajón, me preguntaba: «¿Por qué ahora?», como si fuese algo del todo inusitado. Aquello le venía al pelo para preguntar, acto seguido, en qué momento iban a llegar tiempos mejores, como si se lo estuviese suplicando a Papá Noel o al Mesías. Sin lugar a dudas, habría sido una escena graciosa en una película de Woody Allen, pero en la vida real era un verdadero desastre en ciernes.

A pesar de su situación, no tenía ninguna intención de darle antidepresivos. Intentó que se los recetase con lamentos, y luego con súplicas. Aquello no me hizo en absoluto mella, pues sabía que aquel deseo de echar mano de la medicación surgía de la misma actitud que le había originado la depresión. Dicho esto, quiero aclarar que, si un psiquiatra considera que debes tomar medicación, es importante tomarse muy en serio su recomendación. A diferencia del caso de Joe, en algunas ocasiones la situación es peor de lo que parece. No obstante, este no era el caso de Joe. Su vida cambiaría para mejor en cuanto empezase a ver con honestidad la ilusión en torno a la cual había organizado su vida. En pocas palabras, estaba convencido de que podía regular su estado de ánimo y su motivación a través de los acontecimientos externos. Para estar bien, necesitaba cosas ajenas a sí mismo, como el alcohol, los aplausos de sus estudiantes o la fama. No dejaba de pensar en una novia de la universidad con la que había mantenido una relación que hacía saltar chispas en el plano sexual, pero que era peligrosamente inestable, preguntándose entre lamentos cuándo iba a volver a estar así de *enamorado*. El amor no era más que otro punto de la lista de cosas que le hacían feliz, y estaba claro que el Prozac no era distinto.

Sin embargo, creer que lo que está fuera de ti te hará feliz es una falsa esperanza. Los griegos lo consideraban el *cuestionable regalo de los dioses*, pues semejante creencia solo puede acabar de dos modos: o bien no sucede lo esperado, o bien lo hace, pero su efecto desaparece enseguida. De cualquiera de las maneras, acabas estando peor que antes porque has aprendido a fijarte en los resultados externos. Un ejemplo extremo de ello lo podemos encontrar en el libro *El hombre en busca de sentido* de Viktor Frankl, un psiquiatra que sobrevivió a Auschwitz. En 1944, se corrió el rumor de que los aliados iban a liberar el campo por Navidad. El día de Navidad llegó, pero no así las tropas, que se hicieron esperar varios meses. Frankl, que ejercía como médico en el campo de concentración, relata que se produjeron más muertes entre Navidad y Año Nuevo que en cualquier otro momento del año, un fenómeno que atribuyó a las esperanzas frustradas de los prisioneros. Por extremas que fueran las circunstancias, Frankl siempre remarcó que lo que le permitió sobrevivir fue el hecho de haber desarrollado las herramientas internas necesarias para preservar su estado de ánimo.

Por ponerlo en palabras más simples: el mundo material nunca puede llegar a hacer felices a los seres humanos. Como seres espirituales que somos, solo podemos gozar de una buena salud emocional cuando estamos en contacto con el mundo superior. Necesitamos las fuerzas superiores como necesitamos el aire que respiramos. Esto no es ninguna filosofía abstracta, sino una descripción de nuestra naturaleza. Sin embargo, para mantenernos en contacto con tales fuerzas, es necesario trabajar con asiduidad. Y es parte también de nuestra naturaleza tratar de rehuir semejante trabajo. De ahí que caigamos tan fácilmente en la ilusión de que no hace falta que movamos un dedo en el plano espiritual porque algo ajeno a nosotros vendrá a restaurar nuestro estado de ánimo. Esta clase de esperanza permite explicar un fenómeno como la depresión: es el fracaso del mundo exterior para cuidarnos, lo que a su vez puede convertirla en una gran maestra.

Cada vez que la depresión vuelve a asomar la cabeza, te recuerda que no puedes confiar en el mundo exterior. Tomar conciencia de ello es el primer paso para superarla.

En cuanto abandonas la esperanza de que el mundo exterior pueda regular tu estado anímico, no te queda más remedio que encargarte tú de ello, sin importar las condiciones externas. Aceptar semejante responsabilidad es el segundo paso en la lucha contra la depresión. Joe no asumía ninguna responsabilidad por el estado en el que se encontraba y quería recurrir al Prozac para continuar con su irresponsabilidad. La primera vez que le dejé caer que él mismo podía controlar sus sentimientos, me miró como si estuviese loco de remate. Para ser justos con él, toda nuestra cultura se basa en la idea de que podemos recurrir a elementos externos para regular nuestra forma de sentir. Asumir la responsabilidad de lo que sentimos no es una decisión intelectual: requiere controlarse a uno mismo en todo momento. Esto es lo más liberador —y cansino— que alguien pueda hacer. El proceso de conectar con el mundo superior se compone de toda una serie de pequeños instantes. Cada vez que te desmoralizas, te deprimes o te vuelves impasible, debes ponerle remedio de inmediato.

Al igual que los agujeros en el queso suizo, estos interludios sombríos son agujeros en nuestra relación con la vida, lugares donde se entrecorta nuestra conexión con el mundo superior. Todo el mundo los atraviesa en una medida u otra. Sin embargo, muchas veces no sentimos la responsabilidad de hacer algo para salir de ese agujero negro energético por mucho que lo tengamos delante, lo cual es bastante trágico, ya que nos brinda una oportunidad inigualable de modificar la naturaleza de nuestra fuerza vital. De hecho, esta no deja de ser una serie de hábitos. Si tienes la costumbre de mirar fuera de ti en busca de aliento o validación, te deprimirás de manera inevitable cada vez que no la obtengas. En cambio, si asumes la responsabilidad interna de tu propio estado anímico y tomas medidas para conectarte con las fuerzas superiores justo en el momento en sientes que vas a caer en el pozo, desarrollarás hábitos que te llevarán a un nuevo nivel de energía y vitalidad.

Incluso aquellas personas que en principio se hacen responsables de lo que sienten tienden a evitar el trabajo durante los momentos sombríos, pues siguen sin tener integrado que ese bache puede convertirse en un motor de transformación empleando nada más que herramientas internas. Ser capaz de contemplar semejante posibilidad es esencial para superar la depresión. El único modo de confiar en ello pasa por utilizar una herramienta y observar los resultados. Solo entonces tendrás la determinación necesaria para hacer lo que es preciso: emplear esa herramienta una y otra vez, a veces incluso muchas veces a lo largo del día.

Una herramienta muy efectiva es lo que yo llamo la *motivación transmutacional*, pues te ayuda a transmutar las emociones negativas para convertirlas en motivación en estado puro: una especie de fuerza de voluntad superior que te permite avanzar en la vida. Si dedicas algo de tiempo a ponerla en práctica, comprobarás que es posible cambiar tu estado de ánimo de manera sistemática.

En primer lugar, deja que se apodere de ti la sensación de hastío y desánimo que te invade en los momentos de depresión. Concéntrate en lo que estás sintiendo y di para tus adentros que vas a convertir ese sentimiento en algo positivo. Imagina que, justo encima de tu cabeza, circula un poderoso flujo de energía. Acto seguido, imagínate realizando una acción específica que represente un avance en tu vida: puede ser tomar un riesgo, hacer algo que llevas tiempo evitando hacer o incluso instaurar una práctica cotidiana en tu vida, como escribir, hacer ejercicio o meditar. A continuación, visualiza esa imagen encima de tu cabeza, justo por donde fluye el chorro de energía. Ahora vas a elevarte hasta colocarte justo en la imagen. Para ello, siente que estás realizando la acción mientras imaginas que tu forma de sentir es lo que te hace ascender. Repítete para tus adentros que no hay nada más importante que realizar esa acción. Conforme vayas ascendiendo, siente el mundo a tu alrededor desvaneciéndose. No existe nada más que la propia acción. Elévate lo suficiente como para entrar en la escena. Una vez ahí, repítete que tienes un propósito. Sentirás una poderosa energía recorriéndote. Para concluir el ejercicio, abre los ojos y repítete que tienes la firme determinación de llevar a cabo la acción visualizada. Esta vez, sentirás que la imagen de arriba te arrastra sin ningún tipo de esfuerzo hacia ella. Notarás que te expandes y te colmas de energía. Una vez que le pilles el truco, no tardarás más de quince segundos en realizar todo el ejercicio. Pero, si lo pones en práctica cada vez que atravieses un momento difícil, empezarás a transformar tu fuerza vital.

Dejar que la gratitud fluya

E<small>L PENSAMIENTO NEGATIVO</small> es poderoso. Cuando empiezas a preocuparte por algo o sientes que el mundo te está tratando injustamente, de entrada puedes pensar que tiene motivos lógicos para inquietarte. Pero, a los pocos minutos, tu mente está totalmente desbocada y empiezan a asaltarte unos sombríos pensamientos que parecen haber cobrado vida propia. En esos momentos, te dices cosas como: «Estoy segura de que voy a perder mi empleo. Me voy a quedar en la calle. No me va a contratar nadie». Te pierdes en el mundo de tus propias obsesiones.

Los pensamientos te asedian durante el día y te despiertan a las cinco de la mañana, llegando a causarte un dolor insoportable; y parece no haber manera de detenerlos. Al final, tu mente acaba hecha añicos. Si hubieses comprado un electrodoméstico que funcionase así de mal, ya habrías ido corriendo a la tienda a exigir un reembolso. Pero, en el caso de tu cerebro, no se admiten devoluciones.

Párate un minuto a tomar algo de perspectiva y a reflexionar sobre las siguientes características del pensamiento negativo:

- Es dinámico, ya que representa una fuerza en tu conciencia que quiere desplazar cualquier cosa saludable.

- Es irracional, pues, por muy reales que puedan parecer esta clase de pensamientos cuando los tienes, al contemplar la situación en retrospectiva, casi siempre resultan ser exagerados o estar alejados de la realidad.
- Es un hábito y, como tal, cuanto más lo practicas, más fuerte se vuelve y más cuesta atajarlo.

Y, sin embargo, se trata de *tu* mente, ¿no?

Entonces, ¿por qué cuesta tanto mantener a raya los pensamientos negativos?

La respuesta radica en que el pensamiento negativo es la expresión de un adversario interno y, hasta que no lo identifiques, no serás capaz de derrotarlo. Imagina que tu mente fuese un ordenador con un virus. Hasta que no des con él, no dejará de destruir todo cuanto encuentre a su paso en el ordenador.

Este adversario interno es lo que yo denomino la *Parte X*: una parte de tu psique que tiene su propia agenda.

Este demonio interior está absolutamente decidido a evitar que experimentes una verdad de la realidad: que todo está en continuo movimiento. Este es un hecho aceptado incluso por la visión más materialista del universo: la física teórica. A cada instante —incluso en este preciso momento—, estás flotando en un mundo de movimiento. Esto es, sin lugar a dudas, algo positivo, ya que el movimiento subyacente convierte al universo en un gran organismo dinámico que está continuamente generando cosas nuevas y sorprendentes. Esta creatividad incesante hace que el universo sea inherentemente positivo y generoso.

Es precisamente esta cualidad ilimitada y viva del universo lo que la Parte X no puede soportar. Esta fuerza negativa quiere algo más, algo que desea a toda costa: *quiere ser especial*. Pero, cuando formas parte del todo que es ese universo en constante movimiento, no hay forma de serlo, ya que todo lo que sucede en él es fruto de esa totalidad. Pueden sucederte miles de cosas buenas y cosechar todos los éxitos del mundo, pero nada de todo ello habrá sido resultado de algo que hayas hecho tú. En un universo holístico, el individuo no es más que una parte del sistema y no puede hacer nada por sí solo. En cambio, ser especial requiere cierta sensación de logro personal: implica que no eres parte de ningún sistema y que puedes sobreponerte por tus propios medios frente a un universo negativo. De ahí que la esencia espiritual del universo —esa fuerza que lo conecta todo y que no deja de cambiar y crear— sea lo único capaz de privarte de tu *oportunidad de ser especial*.

La Parte X posee un arma muy poderosa contra ese todo en movimiento: tus propios pensamientos. Crea pensamientos negativos y los vuelve tan sumamente intensos y persistentes que ahogan cualquier experiencia del mundo real. Entonces pierdes tu capacidad de dar respuesta a lo que el mundo te plantea; simplemente reaccionas a lo que tu Parte X te dice sobre él. Cuando adoleces de ceguera espiritual, estás totalmente solo. La experiencia del verdadero universo, que no deja de crear y todo lo abarca, solo puede ser positiva. Sin embargo, cuando estás atrapado en la negatividad, resulta imposible experimentar los sentimientos positivos de plenitud inherentes a un universo vivo. Es como si no existiese siquiera. La Parte X ha hecho saltar por los aires la realidad, y lo ha hecho con tu ayuda.

El pensamiento negativo puede convertirse fácilmente en un hábito, en especial porque acabamos familiarizándonos con este tipo de pensamientos: empezamos a identificarnos con la negatividad. Pensemos, por ejemplo, en una persona aprensiva. Cuando piensa: «Sé que estoy destinada al fracaso», está teniendo una experiencia familiar. Está preocupada. Y puede crearse esta experiencia en cualquier momento. Por doloroso que pueda ser, le resulta familiar; es como estar en casa. Su Parte X interior le dirá: «Este es tu verdadero yo, no te resistas a él». Y la mayoría de las veces no lo hará.

Para mantener a raya a este demonio, debes encontrar una fuerza en tu alma que sea aún más fuerte que el poder del pensamiento negativo. Y esa fuerza es la gratitud. La gratitud aprecia la experiencia inmediata de la realidad y reemplaza cualquier pensamiento negativo por otro derivado de lo que en verdad está sucediendo. Además, alude a aspectos sólidos y reales de tu vida, dando a entender que estos son fruto del todo en movimiento. La gratitud crea la sensación física de estar en la presencia inmediata de una fuerza positiva y espiritual, permitiéndote sentir que vuelves a ser parte del sistema, en lugar de una entidad aislada.

Por otra parte, cabe no confundirla con el *pensamiento positivo*, que tiende a centrarse en acontecimientos que aún no han tenido lugar, con la esperanza de que lo hagan. La propia naturaleza del pensamiento positivo no se basa en la realidad. Párate un momento a pensar: ¿alguna vez has logrado salir de un pozo de preocupación por el simple hecho de albergar pensamientos felices sobre tu futuro? Es poco probable. Lo que necesitamos es una forma de traspasar el velo de la negatividad que nos permita conectarnos con la fuerza motriz del todo, tal y como existe en el momento presente. Necesitamos adquirir el hábito de adoptar la gratitud como forma de pensamiento, de modo que estos pensamientos fluyan por nuestra mente y nos protejan del pensamiento negativo.

Te invito a probar lo siguiente. Durante unos treinta segundos, piensa en todo aquello por lo que te sientes agradecido.

No te centres solo en las cosas grandes; piensa en todas aquellas cosas anodinas que a menudo damos por sentado: «Estoy agradecido por ser capaz de ver, porque mis hijos gozan de salud, porque mi coche arrancó hoy, por poder permitirme desayunar, por tener agua caliente, por vivir en una democracia o por cualquier otra cosa». Piensa en tantas cosas como te sea posible: enseguida descubrirás que, incluso en el peor de tus días, ya están ocurriendo un sinfín de cosas positivas. Y todo ello se lo debes al organismo espiritual dinámico que subyace a la realidad, que está en todo momento presente, que no deja de crear y cuya fuerza siempre sobrepasa a la de la Parte X.

El poder de este ejercicio reside en que le estás enseñando a tu mente a trabajar de una forma completamente nueva: estás obligando a tu mente a adoptar un estado dinámico altamente creativo que es análogo al movimiento subyacente del propio universo.

Conforme vayan surgiendo los pensamientos de gratitud, toma conciencia de la energía que hay dentro de ti que los está generando. Empezarás a sentirte uno con el universo y a confiar en que puedes controlar tu mente. Tus pensamientos negativos se desvanecerán y, sin apenas darte cuenta, estarás listo para orar; pero no siguiendo una forma específica de oración ni una que esté necesariamente ligada a una religión determinada. Con independencia de tus creencias y prácticas espirituales personales, habrás conseguido que tu mente vaya más allá de sí misma, convirtiéndola en un puente que te conecta con un lugar más elevado.

El cielo se cae

«¡EL CIELO SE CAE! ¡El cielo se cae!»: estas son las famosas palabras que pronunciaba Chicken Little en la película, sembrando un pánico injustificado por toda la tierra. En la historia, el cielo nunca se caía. Pero ¿podría ser que el *cielo* llegara un día a caerse de verdad? En términos simbólicos, muy a menudo asimilamos ese cielo con nuestra red de seguridad social: nuestro cielo simbólico sería ese paraguas de instituciones en las que confiamos para mantenernos a salvo. La atención médica, las instituciones académicas, las políticas a cualquier escala, el motor que mueve la economía, las fuerzas armadas o el sistema judicial son solo algunos ejemplos.

La red de seguridad que hemos construido es descomunal, y, en caso de venirse abajo, no podríamos seguir viviendo ni trabajando sin miedo. Por desgracia, no podemos evitar sentir que se está cayendo. Si tomásemos como indicador la salud mental colectiva, veríamos que las alarmas llevan tiempo sonando. Los ansiolíticos se recetan a un ritmo alarmante pese a tener poco o ningún efecto. Y nadie consigue pegar ojo, pero no por el mismo insomnio que padece tu abuela. Se trata de un fenómeno completamente nuevo.

Todos sentimos que algo va tremendamente mal aunque no podamos verlo. Lo que sí podemos ver es la rabia y la confusión que acompañan a esta lucha cósmica. Es natural que pensemos en ello como una batalla contra un villano empeñado en destruirnos, como si Darth Vader hubiese vuelto a la carga. Sin embargo, el verdadero enemigo es alguien mucho más peligroso: tú mismo.

Ese otro lado de tu ser utiliza lo que podría considerarse el arma más imparable de todas: la insatisfacción. Hoy en día, vivimos en un mundo crónicamente insatisfecho porque ya no sabemos cómo alcanzar la satisfacción.

En una sociedad donde nadie está contento con lo que tiene, no puede haber armonía ni tranquilidad. Lo único que queda entonces es la competitividad y la paranoia. Cuando no tenemos todo lo que queremos, llegamos a la conclusión de que todos los demás deben estar recibiendo más de lo que les corresponde.

Ahora bien, el adversario ni siquiera es todo tu ser, sino tan solo una parte de ti; por eso mismo se denomina Parte X, como ya vimos en el capítulo anterior.

La Parte X es mucho más que un simple concepto: es un actor real que arremete con todas sus fuerzas contra ti. Nunca se rinde y está decidida a destruir tu potencial. Por eso resulta tan crucial que sepamos identificarla cuando esta entra en escena.

Veamos cuatro formas de reconocerla:

Estancamiento: no puede haber evolución sin movimiento. La Parte X te mantiene en un estado de comodidad y familiaridad que, por mucho que te resulte agradable, impide cualquier avance. Como resultado, te ves atrapado en bucles de pensamiento o comportamiento.

Recompensa (la recompensa mágica): la Parte X te hace la promesa de sentirte mágicamente satisfecho si cumples tus objetivos, lo cual es mentira. Muchas personas de éxito se sienten profundamente infelices: tan solo alcanzaron objetivos superficiales que no eran más que falsas promesas de sentirse satisfechas.

Herida: la Parte X perpetúa la sensación de que todo el mundo está en tu contra. Así, vas acumulando heridas para demostrar que la vida es injusta.

Deber: la Parte X genera una energía que te lleva a reaccionar de manera impulsiva. Te pone ante aquello que, de manera inevitable, sientes que *debes* hacer, aun cuando puede no ser bueno para ti.

Por explicarlo de un modo más sencillo, *la Parte X inventa problemas que en verdad no tenemos y crea soluciones que solo contribuyen a empeorar tales problemas.* Ya tenga en su punto de mira tu carrera profesional, una relación o un objetivo personal, la Parte X hará todo cuanto esté en su mano para alejarte de la felicidad.

Ahora bien, aquí viene la paradoja del asunto: los problemas son necesarios para el crecimiento. Por mucho que la Parte X pueda debilitarte, tu modo de afrontarla es lo que determinará tu posible éxito en el futuro.

El universo es sumamente inteligente y te habla a través de lo que te sucede en la vida. No puedes cambiar ni evitar aquellas situaciones que te resultan desagradables, infelices y a menudo imprevisibles; lo único que puedes cambiar es tu mentalidad para capearlas a tu antojo. Tus problemas personales te indican con suma precisión aquellos aspectos que necesitas trabajar.

A pesar de esto, hay momentos en los que se produce un gran fallo cósmico y el universo nos envía acontecimientos masivos que nos afectan a todos por igual. Cuando ocurre algo así, se nos brinda la oportunidad de dar un paso más en nuestra evolución conjunta como sociedad. Pensemos en algunos de los acontecimientos recientes, como la pandemia global, la serie de crisis financieras, la proliferación de la desinformación o el auge del extremismo en nuestro sistema político: tales desafíos son una oportunidad de oro para tender puentes con nuestras fuerzas superiores, expandir nuestro potencial y enfrentarnos juntos a nuestra Parte X.

La práctica de confrontar a tu Parte X trae consigo lecciones y recompensas reales que nutren tu crecimiento. Una vez que adquieres este tipo de habilidades, ganas terreno en la guerra. La forma de afrontar nuestros problemas tanto personales como sociales es exactamente la misma: todo se reduce a la batalla que libras con tu Parte X.

Enfrentarte a ella es el único camino hacia la verdadera satisfacción.

El tiempo es oro

COMO REZA UNA VIEJA CANCIÓN de James Taylor, «el secreto de la vida está en disfrutar del paso del tiempo». Esto es una verdad indiscutible. No obstante, el tiempo plantea un gran problema para el común de los mortales: no tenemos el suficiente. Y cuanto más vamos a contrarreloj, menos nos queda. Se trata de una sustancia capciosa, que se nos escurre entre los dedos, burlándose de nosotros. Sentimos su presión, lo desperdiciamos y, lo que es peor, vamos agotando nuestras preciadas reservas conforme vamos envejeciendo. El tiempo acaba convirtiéndose en un gran enemigo, y no podemos evitar sentir que vamos perdiendo la batalla. Hemos olvidado ese secreto del que hablaba la canción.

La razón fundamental por la que nos parece imposible lidiar con el tiempo es porque malinterpretamos su naturaleza y sentido. Aunque anhelamos tener más, lo tratamos con muy poco respeto, como si fuese un producto que pudiésemos mercadear o algo que pudiésemos controlar a nuestro antojo. La gran mentira de la vida moderna es que la tecnología nos convierte en los amos y señores del tiempo, cuando lo cierto es que las máquinas hacen que el tiempo se nos escape aún más rápido. Una ley perversa dicta que, cuantas más máquinas tengas, menos tiempo tendrás. Al fin y al cabo, son ellas las que te tienen hasta la medianoche navegando por las redes sociales, cuando a la mañana siguiente tienes que levantarte temprano para llevar tu coche al mecánico. También son las que hacen posible que te bombardeen con mensajes todo el día. No te queda tiempo porque las máquinas lo copan todo. La tecnología nos ha hecho olvidar la naturaleza esencial del tiempo.

Hemos olvidado que el tiempo es sagrado.

Para los antiguos, el tiempo era un regalo de los dioses que debía ser tratado con asombro y reverencia, y los ancianos eran respetados precisamente porque habían envejecido en el devenir del tiempo. El tiempo era algo que estaba por encima del individuo, algo que no debía controlarse, sino apreciarse. De acuerdo con la visión sagrada del tiempo, todo lo bueno —ya sea ver a un niño crecer o cosechar los cultivos— surge como parte de un proceso rítmico. Nuestra cultura, en cambio, ha caído en el desprecio de todo aquello que requiere tiempo. Se respeta la juventud porque no ha estado expuesta al paso del tiempo, y el éxito obtenido tras un largo esfuerzo es menos deseable que la riqueza instantánea. Hoy, ni siquiera somos capaces de aguantar un segundo sin una gratificación; de ahí que nos refugiemos en la comida, las drogas o el teléfono móvil.

Ritualizar nuestra relación con el tiempo es la única forma de devolverlo a su naturaleza sagrada. Los rituales son aquellos espacios que permiten que nuestra vida cobre sentido. En el mundo antiguo, cualquier práctica ritual estaba indisolublemente ligada al tiempo, ya fuese porque se realizaba en una estación concreta del año o a una hora determinada. El ritual era la forma que tenían los antiguos de reconocer la naturaleza superior del tiempo. Estos sabían perfectamente que, si estas prácticas se perdían en el tiempo, la vida perdería también todo su sentido. Aún queda un leve eco de ellas en nuestras vacaciones, bodas y funerales. Sin embargo, lo peor de todo es que hemos despojado nuestra vida cotidiana de todo sentido ritual.

Hemos perdido el ritmo.

Ya no vivimos de la tierra ni existimos en una antigua cultura tribal, lo que nos dificulta honrar el ineludible ritmo del tiempo. Hasta que no aprendamos a hacerlo, viviremos en un mundo frenético y sin sentido, tratando a la desesperada de mantenernos al día, sin tener la más remota idea de cómo hacerlo. Hay maneras de volver a entablar una relación adecuada con el tiempo; pero, a diferencia de los antiguos, nuestra cultura y entorno no juegan a nuestro favor. Por eso, es esencial que cada cual se haga responsable de cambiar sus propios hábitos. Esto exige una gran disciplina. De hecho, la disciplina puede definirse como *el acto de mantener una relación correcta con el tiempo*. Las herramientas que pueden ayudarnos en este sentido son la sumisión, el compromiso y la paciencia. Empleadas como es debido, tales herramientas nos permiten proclamar el tiempo como un regalo de valor inestimable y devolverle el sentido ritual a la vida moderna.

La **sumisión** tiene ver con tu ego, cuya naturaleza no es otra que hacer lo que quiere, cuando quiere. Este da una importancia descomunal a los impulsos inmediatos: siempre parece haber algo por ahí que no podemos perdernos, lo que acaba desembocando en grandes problemas para mantenernos centrados, de manera ininterrumpida, en una única actividad. Somos incapaces de sentarnos a comer sin una pantalla delante, no tenemos ningún reparo en interrumpir una conversación íntima para responder un mensaje y no podemos escribir o estudiar sin desconcentrarnos o cambiar de tercio antes de tiempo. Deberíamos abordar tales actividades como si tuviesen un cariz sagrado, pues son oportunidades para recuperar el sentido ritual de nuestra vida cotidiana. De hecho, si las considerásemos sagradas, no nos atreveríamos a interrumpirlas; las llevaríamos a término del mejor modo posible. Debes llegar a un punto en el que no te quede más remedio que terminar lo que tienes entre manos, con independencia de lo que puedas sentir en un momento dado durante la actividad. Llegados aquí, podrías esgrimir que algo así equivaldría a anteponer la actividad al individuo, algo contra lo que se rebela toda nuestra cultura. Y es que queremos que nuestros impulsos personales inmediatos prevalezcan por encima de todo. Sin embargo, la verdadera libertad solo se alcanza sacralizando de este modo nuestras actividades.

El **compromiso** tiene que ver con conectar el pasado, el presente y el futuro. No es necesario adquirir compromisos que se prolonguen mucho en el tiempo. De hecho, es mejor cuando duran un día o menos. Comprometerse con algo implica mantener la promesa que te has hecho a ti mismo de hacer algo. Por ejemplo, si te comprometes a hacer ejercicio a las diez de la mañana, a esa hora debes estar listo para entrenar. La precisión es clave en este sentido. Si te propones empezar a las diez, debes hacer acto de presencia y empezar a esa hora. Entonces, conviertes las diez en una hora sagrada, pero no porque ese momento tenga, de por sí, algo especial, sino porque el día anterior te propusiste hacer una actividad concreta en ese preciso momento. Esa hora pasa a ser una oportunidad de demostrarte a ti mismo que eres capaz de cumplir tus compromisos. Una vez que adquieres este hábito, la vida se convierte en un ciclo de compromisos seguido de acciones. Cada compromiso te conecta con el futuro en el que debes llevar a cabo una determinada acción, y esa acción, a su vez, te conecta con el pasado en el que asumiste tal compromiso. Esto hará que comiences a experimentar el pasado, el presente y el futuro como parte de un continuo. Es imposible tratar al tiempo con el respeto que se merece si no tenemos esa sensación de continuidad fluida, sin la cual la vida no es más que una serie de acontecimientos inconexos desprovistos de sentido. Tarde o temprano, llegará un momento en el que querrás cumplir tus compromisos a rajatabla. La verdadera confianza solo puede nacer de la sensación de estar funcionando dentro del continuo del tiempo.

La **paciencia** tiene que ver con aceptar el hecho de que la creación requiere tiempo. Esto se basa en una verdad más profunda: nosotros no creamos nada por nuestros propios medios. Todo cuanto nos sucede en la vida —como escribir un libro, criar a un hijo, preparar la comida o construir una casa— depende de nuestra colaboración con un todo más vasto. Por lo tanto, todo cuanto creamos no es sino una cocreación con algo mayor. Cuando seguíamos dependiendo de la tierra, esta era una verdad innegable. Por aquel entonces, los ritmos del tiempo eran sagrados, porque eran los que revelaban el modo de obrar de las fuerzas superiores. Sin embargo, la humanidad moderna, guiada por su propio ego, quiere crear las cosas por sí misma. Dado nuestro escaso interés en entablar una relación de cooperación con las fuerzas superiores, no consideramos en absoluto importante sentarnos a esperar pacientemente a que llegue su ayuda; de ahí que tendamos a desesperarnos cada vez que parece no pasar nada. La próxima vez que te encuentres en un callejón sin salida, oblígate a anotar todo lo que suceda en las horas y días siguientes. En la mayoría de los casos, acabará por aparecer una solución. Quienes cultivan el hábito de observar algo así desarrollan su fe en el poder creativo del tiempo. Y es que el tiempo es sagrado precisamente porque posee semejante poder. Sin la fe que nace de mantener una relación paciente con el tiempo, resulta imposible tener una verdadera confianza.

Por otra parte, el tiempo afecta también a la forma en que nos relacionamos entre nosotros. Esto se hace más evidente en la familia: ese grupo de personas cuya relación mutua se mantiene ineludiblemente en el tiempo. Cuando las actividades familiares sufren interrupciones constantes o nunca llegan a buen puerto, cuando jamás se cumplen los compromisos o cuando nadie está dispuesto a esperar por la razón que sea, el tejido familiar se debilita. Las personas que no son capaces de respetar el tiempo no pueden respetarse mutuamente. Cuando las comidas o las oraciones se vuelven rituales, cuando los padres comparten unos momentos cada día, cuando las actividades se organizan de manera estructurada y rítmica, la familia encuentra cierta paz y coherencia. Al bajar el ritmo, a los niños les cuesta menos asumir que no pueden aprenderlo todo de golpe, y los padres sienten una menor necesidad de presionar a sus hijos para que avancen a pasos agigantados. Entonces, hay tiempo para respirar. Solo las familias que saben llevar un ritmo adecuado pueden contar con las fuerzas superiores.

Y algo así es una bendición para todos.

Nada como enfadarse: el lado positivo de la ira

VIVIMOS EN UN MUNDO ENCOLERIZADO. Si vas al volante, escuchas la radio o te vas de compras, lo más probable es que te topes con al menos una persona que echa chispas. De pronto, alguien empieza a gritarte por una mala maniobra, lo que desata en ti la misma reacción y, al final, acabas chillándole tú también. Todo ocurre en un abrir y cerrar de ojos, como si todos tuviésemos una bestia salvaje bajo la superficie esperando su oportunidad para saltar al ruedo. Una vez terminada la escena, te quedas mentalmente enganchado a ella, increpando para tus adentros a la otra persona. Al fin y al cabo, cuesta muy poco imaginar lo enfadados que están quienes nos rodean, pero pensar en nuestro propio enfado se nos hace un mundo. Con todo, lo más probable es que ese conductor que te acaba de hacer la peineta se parezca más a ti de lo que te gustaría admitir. Seguramente habrás oído lo de que la solución a la ira del mundo empieza por ti, pero puede que esa idea no haga más que sacarte de tus casillas.

La mayoría de los intercambios marcados por la ira ocurren en un nivel muy bajo de conciencia. Si bien es cierto que se sienten y se expresan emociones, pocos de nosotros vemos con perspectiva lo que en verdad ha sucedido. Desconocemos por completo el papel que desempeña la ira en nuestras vidas, y no disponemos ni de unas directrices claras para lidiar con ella ni de herramientas que nos ayuden a ver su propósito. Sin ellas, estamos condenados a repetir las mismas experiencias una y otra vez, y a ir por la vida cargados de frustración y sintiéndonos como víctimas. La ira es una fuerza poderosa. Sin embargo, dado que nos conecta con las partes más primitivas de nuestro ser, no nos gusta concebirla como algo que tenga cabida en nuestra vida. Al igual que cualquier otra emoción intensa, la ira es tan poderosa que no podemos abordarla de manera constructiva a no ser que tengamos cierta perspectiva y un plan preparado de antemano.

Antes de nada, debemos ser capaces de encontrar su posible lado positivo. Un dato curioso es que los motivos concretos del enfado a menudo nos parecen triviales cuando ha pasado un rato del incidente en cuestión; son casi una excusa para liberar alguna clase de fuerza oculta que estaba deseando salir a la luz. Esta fuerza oculta, que no es sino la verdadera naturaleza de la ira, se interpreta de manera errónea en nuestra cultura. Sorprendentemente, esta fuerza es, en verdad, un esfuerzo por alcanzar la individualidad. La ira es una de las formas primigenias en las que emerge el yo. Piensa en el comportamiento de un niño de dos años. Esa es la edad en que el niño necesita empezar a separarse de sus padres y comenzar a sentir su propia individualidad. ¿Y cómo lo hace? Con muchísima ira y negatividad. La fuerza de tales emociones le ayuda a proclamarse una persona separada de sus padres. La ira es, por lo tanto, un primer paso positivo hacia la individualidad.

En la edad adulta, la ira en su forma más cruda no basta para potenciar nuestro sentimiento de individualidad. Por eso, debemos aprender a modificar la naturaleza de la ira para que esta desempeñe un papel positivo en nuestra vida. Y es que lo más habitual es que la dejemos hervir a fuego lento en nuestro interior. Hace muchos años, hice una sola sesión de psicoterapia con un hombre a quien recuerdo claramente como la persona más enojada que había conocido en toda mi vida. A pesar de su apariencia sosegada, era un manojo de envidia y rabia que a duras penas conseguía mantener bajo control, en gran parte debido a su carrera frustrada de escritor. Diez años más tarde, leí en el periódico que había muerto a los 45 años de un cáncer metastásico. Lo cierto es que podemos aprender a transformar la ira en algo constructivo. Pero, antes de nada, necesitamos entender la razón por la que nos aferramos a ella con tantísima fuerza.

La ira en la edad adulta suele ser una reacción a lo que sucede a nuestro alrededor. Dejando a un lado los detalles, la rabia es una reacción a la sensación de que el mundo exterior no nos está tratando como es debido. El hombre al que me referí antes sentía que el mundo no apreciaba sus dotes de escritura, pero ese malestar no difiere en nada del que siente el adolescente al que no le gusta la mirada que le ha lanzado otro chaval. En ese momento, la rabia te dice: «El mundo no es justo; no estoy recibiendo el trato que merezco». Y, de manera inconsciente, la persona se aferra a ese sentimiento de ira hasta que el mundo no empieza a tratarla de manera justa. Al igual que una serpiente enroscada, se queda esperando hasta que, a la más mínima provocación, arremete de manera impredecible.

Esto nos lleva al primer principio para poder gestionar la ira: no es posible evitarla. A menos que creas que el mundo siempre te tratará con la más absoluta justicia, estás abocado a sufrir, de manera inexorable, nuevas humillaciones y malos tratos; es parte de la vida, y así será durante el resto de tus días. Por consiguiente, tanto tu herida como tu reacción de enfado son parte de un ciclo natural inevitable. Una vez que lo aceptes, podrás dejar de sentirte culpable por reaccionar así; por otro lado, ya no tendrás motivos para aferrarte a la ira, dado que contemplas la posibilidad de vivir algo como el maltrato. Cuanto más alejada de la realidad esté tu visión del trato que el mundo debería darte, mayor será tu desconcierto cuando no te traten bien. Es entonces cuando empiezas a tomártelo todo como algo personal y cuando no consigues librarte de la ira que te reconcome. Lo paradójico del asunto es que, como son tantas las personas que andan enfadadas por el trato injusto que reciben, vivimos en una sociedad de bombas de relojería ambulantes. Reaccionamos mutuamente, magnificando aún más la sensación de injusticia que cada cual arrastra consigo.

Las personas que insisten en que el mundo debería tratarlas de manera más justa terminan sintiéndose las víctimas. Llevado al plano colectivo, esto ha provocado conflictos entre grupos de interés y divisiones sociales. La mismísima retórica política se nutre de la rabia. Sin embargo, la rabia de quien se siente víctima no es una rabia constructiva, pues se retroalimenta a sí misma con el deseo inconsciente de *mantener las cosas tal y como están*, de modo que siempre haya una razón para seguir en ese estado. La ira y el victimismo se convierten entonces en una forma de identidad a la que nos aferramos porque es lo que conocemos. En este sentido, cuanto mayor es el enfado de alguien, menor es la probabilidad de que avance en su vida. La rabia acaba convirtiéndose en un ancla que nos impide seguir adelante. Seguramente conozcas a alguien de tu entorno que se enfada, una y otra vez, por las mismas historias de siempre. Esa clase de personas están atascadas. Entonces la pregunta es: ¿cómo podemos gestionar la ira de modo que nos ayude a avanzar en la vida?

Para empezar, es clave procesarla tan pronto como surge. Cuanto más dejes que se encone, más echa raíces, hasta que llega un momento en el que se convierte en un impedimento para llevar una vida saludable. En este sentido, cabe señalar que procesar la ira no es lo mismo que reprimirla. Enterrar la ira es lo que probablemente mató al escritor al que antes me referí. Necesitamos una forma *creativa* de manejar la ira para que esta acabe siendo una fuerza positiva. Esto comprende tres pasos. Cuando te invada la rabia, tómate un momento para concentrarte en la ira que estás experimentando. No le prestes atención a nada más. Intensifica la emoción todo lo que puedas. Esto es lo que denomino **autoafirmación**. En segundo lugar, haz que esa emoción se extinga por completo. No es tan difícil como parece: visualízate en un entorno natural por la noche, contemplando el sinfín de estrellas del firmamento. Siente lo insignificante que eres en el universo: tus preocupaciones personales te parecerán, de repente, minucias y podrás sentir cómo tu ira se disuelve. Este paso se llama **autocontrol**. El tercer paso consiste en centrarte en la persona que te provocó esa ira para enviarle energía amorosa. Empléate a fondo y no entres en debates internos sobre si la persona merece realmente ese amor o no. Limítate a hacerlo como harías un entrenamiento físico: sin juicio alguno. La capacidad de enviar energía amorosa a alguien que te ha hecho daño se conoce como **amor activo** y es la cúspide de la mismidad. Repite estos tres pasos hasta resolver tus emociones. Esto no tiene nada que ver con reprimir o negar tu ira; simplemente la habrás transformado en un tipo diferente de energía. Cada vez que lo hagas, el sentido de quien eres se verá reforzado y estará menos sujeto a las acciones de los demás.

Como es lógico, hay quien puede objetar que se trata de un enfoque pasivo, aunque nada más lejos de la realidad. La mayoría de las personas no tienen forma de dar salida a su ira; de ahí que dediquen tanto tiempo y energía a darle vueltas y más vueltas a todo lo que les han hecho y al modo de conseguir que la otra persona repare el daño causado. Con ello, no hacen más que distraerse y minar su determinación de proseguir con sus vidas. Por muy contundentes y agresivos que puedan parecer sus estallidos de cólera, lo cierto es que este tipo de reacciones tienen muy pocos efectos positivos. Las personas realmente pasivas son las que se dejan atrapar por su propia rabia. De hecho, son la mismísima definición del término *víctima*: alguien que está desperdiciando su fuerza de voluntad.

En cuanto aprendes a transformar la ira en amor, pasas a experimentar un sentido de ti mismo mucho más fuerte. Desde esa nueva perspectiva privilegiada, podrás aceptar las frustraciones y las injusticias de la vida sin enzarzarte con nada, y te resultará más fácil mantener la calma y la serenidad. De este modo, podrás concentrar todas tus energías en el futuro. Además, la ira ya no te convertirá en una víctima, sino que se volverá el primer paso para desatar las fuerzas creativas de tu ser superior, las cuales se expresan a través del amor y no del odio. Este ser superior te infundirá el valor silencioso que necesitas para avanzar en tu vida, algo que es infinitamente más poderoso que todos los gritos del mundo.

Cómo sacar partido
a tus malos hábitos

UNA VEZ TRATÉ a un representante de fotógrafos cuya vida se estaba desmoronando en todos los sentidos. Con unos kilos de más, la cabeza en las nubes y un aspecto ligeramente desaliñado, parecía un niño grande incapaz de acordarse de meterse la camisa por dentro. Nadie habría dicho que dirigía una gran agencia; aunque, a decir verdad, era la agencia la que lo dirigía a él. Estaba a la orden y servicio de una larga lista de artistas exigentes.

—Soy como una madre con treinta bebés que siempre están hambrientos —me decía.

Incapaz de negarles nada a sus clientes, no había día que no llegase al límite de sus fuerzas. Y luego, para compensar todo ese sufrimiento, se concedía ciertas indulgencias personales que lo debilitaban tanto en el plano físico como en el emocional: fumaba marihuana a escondidas varias veces al día, no perdonaba un buen filete y no podía evitar soltarle una larga perorata a cualquiera que se le pusiera a tiro para contarle sus problemas personales, tanto si la otra persona quería como si no.

Le iba bien en los negocios, pero su vida era un auténtico caos y fracaso. Necesitaba nuevas oficinas, pero no tenía la energía suficiente para trasladarse. Tenía que dejar a varios clientes cuyas exigencias eran poco razonables, pero el miedo a la confrontación se lo impedía. Y, aunque se había distanciado de su esposa, era incapaz de sacar tiempo para mejorar su relación con ella. Pese a su aire infantil, por dentro se sentía viejo, «como si estuviese al borde de la muerte». Le aseguré que podía recuperar su sentido de propósito y, con él, su fuerza vital. Pero había un precio que pagar: tenía que cambiar sus malos hábitos. Debía dejar atrás la marihuana, los atracones de comida o la costumbre de ir vomitándole su basura emocional a todo el mundo. Empezó a entrar en pánico de solo pensarlo:

—No puedo llegar al final del día sin todo eso. ¿Por qué no puedo empezar por cambiar cualquiera de las otras cosas?

—Porque es imposible —le respondí.

Sus malos hábitos no solo ponían en riesgo su salud, sino que acababan con toda la energía que necesitaba para avanzar en su vida. Los impulsos de todos nuestros malos hábitos viajan por la misma vía: van directos a la gratificación inmediata a través de lo que yo denomino el *canal inferior*. Cuando nos comemos una galleta, nos fumamos un cigarrillo, rompemos a llorar o montamos en cólera, en el fondo estamos buscando lo mismo: una recompensa inmediata. Nuestros deseos nos llegan a través del canal inferior en un estallido de impulsividad que nos dice alto y claro: «Lo quiero ahora».

Muchos de nosotros lo hacemos todo a través del canal inferior.

El impulso de aquel hombre de atender las exigencias desmesuradas de sus clientes no era más que un intento desesperado de ganarse su amor. Cuando dejamos que el canal inferior gobierne nuestra vida, esta se ve abocada al desastre. Y es que, en cuanto el placer termina, nos quedamos sin nada. Sin embargo, a la mayoría de nosotros nos parece imposible mantenernos alejados del canal inferior, aun a sabiendas de lo perjudicial que resulta actuar desde ahí.

Todos tenemos una parte demoníaca que no quiere dejarnos avanzar y que es la responsable de alimentar nuestros malos hábitos. Esta fuerza interior —nuestra Parte X— es un astuto enemigo que le juega malas pasadas a nuestra mente. Su poder emana de su capacidad para llevarnos a un estado alterado, desde el que actuamos como si nuestros malos hábitos no tuviesen consecuencia alguna. Mi paciente decía:

—Sé que la comida y las drogas no me hacen ningún bien. Pero, cuando me doy el gusto, los peligros no parecen reales. Lo único que puedo sentir es que lo quiero ya.

Cuando te comportas como si no hubiese consecuencias, pierdes de vista el futuro. El placer inmediato es todo cuanto existe. Y, sin un futuro, la vida carece de sentido. La genialidad de la Parte X es que te lleva a creer que no puedes funcionar sin tus malos hábitos.

No obstante, está claro que puedes, porque en algún momento lo has hecho.

La vida es dura, y es parte de la naturaleza humana querer una recompensa por nuestro dolor y esfuerzo. La mayoría de las veces acabamos obteniéndola, pero nunca sabemos con certeza cuándo llegará ni bajo qué forma. Así es la ley del universo, que nos exige tener fe en el futuro. Sin embargo, nuestra Parte X nos dice que somos especiales, que no necesitamos regirnos por semejante ley y que tenemos derecho a una retribución inmediata. Es más: la Parte X nos dice que la gratificación inmediata es lo único en lo que podemos confiar, y que no es necesario tener fe. No obstante, las personas desprovistas de fe se vuelven débiles. Aquel hombre era incapaz de mover un solo dedo sin la garantía de sus pequeñas recompensas. Estaba ciego a la verdad. Lo que veía como premios no eran sino castigos, que ponían en riesgo su salud y lo infantilizaban. La Parte X lo tenía completamente engañado.

Cuando no le paras los pies, esta fuerza convierte los impulsos en adicciones. Cada impulso que te llega a través del canal inferior te arrastra fuera de ti mismo con tal de gratificarte. Pero somos seres espirituales y, como tales, lo único que nos procura una satisfacción real es entrar en contacto con las fuerzas superiores. Poco importa el nombre que le des a dichas energías —Dios, flujo o el inconsciente, como yo las denomino aquí—: son fuerzas infinitas, que solo se encuentran dentro de nosotros mismos. Cuanto más te adentras en el mundo material, más te alejas de esas fuerzas y más vacío te sientes. En una medida u otra, todos sentimos ese vacío interior, ese agujero dentro de nosotros. Ahí es donde entra la Parte X con sus mentiras, tratando de convencernos de abandonar nuestro propio ser para fumarnos otro porro, comernos un pedazo de tarta o montar en cólera, y así llenar ese agujero. Eso nos aleja aún más de las fuerzas internas que realmente podrían colmar el vacío. Es como el efecto bola de nieve: cuanto más nos dejamos llevar por nuestros impulsos, más grande se vuelve el agujero.

Esta es la mismísima esencia de cualquier adicción: *tratar de llenar un vacío infinito con una experiencia finita.*

Hay un viejo dicho que define la locura como hacer lo mismo una y otra vez con la esperanza de obtener un resultado diferente.

Por destructivos que sean estos patrones, son muy difíciles de cambiar. En cuanto nos negamos alguna gratificación, nos sentimos necesitados. La Parte X apela a nuestro lado egoísta, diciéndonos que nunca deberíamos echar nada en falta.

El único modo de frenar algo así consiste en tener una razón igualmente egoísta para no ceder a nuestros impulsos. Dicho de otro modo, necesitamos encontrar la forma de obtener una recompensa cada vez que nos privamos de algo. En el mundo puramente material del canal inferior, hacer algo así parece imposible. Sin embargo, cuando contemplas la vida en términos energéticos —y no materiales—, el panorama cambia por completo, y lo hace a gran velocidad.

Cada vez que bloqueas tus impulsos, cierras el canal inferior. Entonces, la dinámica se invierte: al frenar el impulso, inviertes el sentido de su energía y la mantienes dentro de ti. Esta energía se transforma y emerge en una forma más poderosa a través del canal superior, que tiene la capacidad de crear. El canal superior te conecta con el mundo del flujo y sus fuerzas infinitas. Cuando todo lo que haces emana del canal superior, las fuerzas superiores te ayudan a avanzar hacia tus objetivos.

Esta poderosa energía es la recompensa que obtienes cuando te privas de una adicción. Además, en el canal superior, la energía se acumula, por lo que tu hucha crece con cada acto de moderación. La energía que emana de este canal te brinda coraje, creatividad y un sentido de propósito, así que, a fin de cuentas, se trata de una inversión en ti mismo.

Esta inversión de la dinámica de la energía no es un mero concepto; es una herramienta que puedes emplear siempre que sientas un impulso destructivo. Supongamos que estás deseando comerte una barrita de chocolate. El placer anticipado es lo que abre el canal inferior, y descubrí que la mejor forma de volver a cerrarlo es remplazando esa sensación por la de dolor, probablemente porque las adicciones que viajan a través del canal inferior acaban causándonoslo tarde o temprano. En cuanto sientas el antojo de azúcar, conecta con esa sensación de dolor. Cuanto más practiques, menos te costará. Siente cómo el dolor cierra literalmente el canal y, acto seguido, pide ayuda de manera silenciosa. Hazlo de todo corazón. Imagínate una multitud de guías espirituales descendiendo hacia ti para sacarte del canal inferior. Yo los visualizo con túnicas blancas, pero tú puedes emplear cualquier otra imagen que te funcione. Si la idea de los guías no te acaba de agradar por la razón que sea, imagina que la ayuda procede de la propia fuerza de tu inconsciente. Por último, visualiza que vas por el mundo acompañado de esos guías. Tu propósito es estar al servicio del mundo. Una vez más, entrénate para generar en ti esa sensación de servicio lo más rápido que puedas. El servicio es la forma más directa de abrir el canal superior. Sentirás, de manera literal, que tus ansias de azúcar se desvanecen.

Vivimos en una sociedad adicta, cuya religión no es otra que la gratificación inmediata. Hablar de autocontrol se considera de personas débiles. La única forma de ayudarnos realmente a nosotros mismos pasa por modificar nuestros propios hábitos. Esto activa una fuerza que tiene el potencial de cambiar nuestro futuro.

Decisiones y más decisiones

No hay personaje que se me haya quedado más grabado que Hamlet, y no solo por la genialidad de Shakespeare: hay algo fascinante en el dilema de alguien que es incapaz de tomar una decisión. Cuatrocientos años después, el espíritu torturado del príncipe de Dinamarca habita en todos nosotros. De hecho, podría decirse que la indecisión es una de las características más destacadas del alma moderna. Despojados de las certezas que nos brindaba la tradición y desprovistos del apoyo que nos ofrecían la iglesia, la familia y la comunidad, estamos cada vez más solos a la hora de tomar decisiones sobre nuestro destino. En cierto modo, tenemos un grado de libertad apenas imaginable para las generaciones que nos precedieron. Sin embargo, esa libertad viene de la mano de unos niveles de ansiedad también inconcebibles para nuestros antepasados. Por un lado, tenemos un mar de posibilidades a nuestro alcance; pero, por el otro, parece que no somos capaces de hacer ni la más mínima elección. ¿Qué tiene la vida moderna que nos vuelve tan indecisos?

La obra de Shakespeare nos da una pista. Hamlet se escribió a principios del siglo XVII, justo en los albores del mundo moderno. El auge de la razón y la lógica condujo a una visión científica del universo y, en último término, a la revolución industrial. Esa nueva visión tuvo profundos efectos psicológicos. La parte positiva es que la capacidad de razonamiento nos brinda un alto grado de individualidad y sentido de libertad, que son precisamente los rasgos que caracterizan a la persona moderna. Sin embargo, el pensamiento jamás puede aportarnos certeza y, de hecho, puede llegar a crearnos una mayor incertidumbre, dado que tiene la capacidad de bloquear nuestros instintos. Incluso la física teórica admite que el observador racional no puede llegar a predecir lo que sucederá —como bien establece el principio de incertidumbre de Heisenberg—. En cierto sentido, Hamlet fue un adelantado a su tiempo. Su agónica indecisión e inseguridad lo convierten en el prototipo de la humanidad moderna. Y es que la capacidad de pensamiento y razonamiento solo le sirvió para aislarse del mundo y ver su capacidad de actuación paralizada. Su dilema es nuestro dilema; de ahí que nos resulte tan fascinante.

El problema del razonamiento es que da a entender que hay una manera correcta de hacer las cosas, y tú puedes encontrarla. Sin embargo, esto solo es posible si conoces todos los detalles relevantes sobre el asunto en cuestión. Por desgracia, la vida no funciona así. Cuando estás tratando de decidir si debes montar un nuevo negocio o no, eres incapaz de prever qué pasará con la economía dentro de dieciocho meses. Cuando no tienes claro si enviar a tu hijo a un campamento, no tienes forma de saber cómo serán los niños con los que compartirá habitación. Incluso si estás tomando una decisión sobre algo tan simple como ir al cine, no puedes conocer de antemano lo abarrotado que estará ni el tráfico que habrá. Vivimos en un universo impredecible y en constante cambio que resulta imposible comprender de un modo completo o absoluto. Por lo tanto, la idea de que podemos tomar decisiones basadas en la razón y el análisis lógico de todos los factores en juego no es aplicable a la vida real. Abraham Lincoln, la figura más prominente de la historia por su toma de decisiones, afirmaba que jamás disponía de todos los datos necesarios a la hora de tomar grandes decisiones. Tras ordenar la invasión de Normandía, Eisenhower tenía tantas dudas acerca de aquella decisión que tuvo que retirarse a su habitación y dormir el resto del día para reponerse de su malestar.

La creencia de que podemos llegar a sacar en claro cuál es la decisión *correcta* a través del pensamiento genera una falsa sensación de comodidad. Esto nos lleva al equívoco de pensar que hemos contemplado y analizado todos los aspectos de la situación, algo que solo sería posible en un mundo que ha dejado de moverse. Aun así, semejante ilusión nos genera una atracción irresistible. De hecho, si pudiésemos vivir en un mundo estático y completamente cognoscible, las decisiones que tomásemos durarían para siempre y, por lo tanto, *no tendríamos que volver a decidir nada más*. Aunque no cabe duda de que algo así sería genial, por desgracia no es posible. Este sueño inalcanzable es el motor que nos lleva a tomar muchas malas decisiones. Queremos hacer las elecciones *correctas* con la esperanza de que el mundo deje de cambiar y no tengamos que volver a enfrentarnos a la incertidumbre nunca más. Esto hace que incluso las decisiones más nimias se vuelvan una cuestión de vida o muerte, pues tenemos la sensación de que una decisión puede ser nuestra salvación, en caso de elegir bien, o, por el contrario, nuestra perdición. Pero lo cierto es que la vida continúa, tomes o no una buena decisión. Además de la muerte y los impuestos, lo único seguro en la vida es que tendrás que seguir tomando decisiones, a menudo en los mismos ámbitos de la vida que ya te plantearon dilemas en el pasado. Puedes devanarte los sesos tratando de elegir una escuela para uno de tus hijos, llegar a una decisión meditada y rezar para que entre; todo para que, al final, lo admitan y, al cabo de un año, no quiera cambiarse porque resulta que odia esa escuela.

Entonces toca decidir de nuevo. Y es que siempre habrá una nueva decisión que tomar.

En cuanto abandonas la creencia mágica de que puedes dar en la diana, serás capaz de contemplar las decisiones como parte de un proceso y dejarás de creer que puedes tomar una elección tan acertada que hará que ya no tengas que decidir nunca nada más y que la incertidumbre se acabe de una vez por todas. Cada decisión se convierte así en un solo paso dentro del proceso de toma de decisiones que continuará hasta el fin de tus días. Salvo contadas excepciones, ninguna decisión te salvará ni acabará contigo (por mucho que pueda parecerlo en un momento dado). Sin embargo, lo que *sí* te cambiará la vida y te liberará de una tremenda presión e inseguridad es aprender y poner en práctica las reglas para una correcta toma de decisiones. En primer lugar, debes dejar de centrarte en los *resultados* de tus decisiones y enfocarte en *cómo* las haces. Una correcta toma de decisiones te permitirá mejorar en las siguientes áreas (aun cuando el resultado no sea bueno):

Tolerar la pérdida

Está en la naturaleza humana tratar de evitar la pérdida a toda costa a la hora de tomar decisiones. La ilusión de que podemos estar en lo cierto trae consigo el deseo de creer que la ciudad en la que vivimos, la trayectoria profesional que llevamos o la figura política a la que apoyamos son la mejor opción. Desdeñamos el camino descartado porque, al hacerlo, nos protegemos de la sensación de pérdida que nos invade cuando optamos por seguir una determinada vía. Pero, de hecho, la pérdida es inherente a cualquier decisión que tomemos. Las decisiones son limitantes por naturaleza. Si vivo en Florida, no puedo vivir en Colorado. Si me convierto en profesor, ya no puedo ser ingeniero. Si escojo una determinada película, me pierdo la que se proyecta en la sala de al lado. Por obvio que esto parezca, lo olvidamos todo el tiempo. En cierto modo, cada decisión que tomas limita el mundo en el que vives. Es algo inevitable. El lado positivo es que este sentido de limitación externa es justamente lo que nos hace más fuertes desde un punto de vista espiritual. En cuanto aceptamos la naturaleza inherentemente limitada del mundo exterior, nuestro mundo interior se abre, y no nos queda más remedio que buscar la plenitud dentro de nosotros mismos. Las decisiones pueden convertirse, entonces, en herramientas para el crecimiento espiritual. Lo paradójico del asunto es que, cuando tomamos decisiones guiándonos por nuestra brújula interna, acabamos obteniendo mejores resultados externos a largo plazo.

Con todo, el hecho de que una decisión no dé los frutos esperados no nos convierte en absoluto en un fracaso a la hora de tomar decisiones. Las personas duchas en este arte siempre anticipan pérdidas y no solo se recomponen en un santiamén cuando las sufren, sino que dan por sentado que seguirán experimentándolas en el futuro. Como se han liberado de la necesidad de *estar en lo cierto*, el miedo y la parálisis no les afectan tanto.

Tener claros tus valores

Tomar decisiones de manera adecuada te obliga a tener muy claro lo que valoras. Siempre habrá lagunas de información, y son precisamente esos espacios de incertidumbre los que te exigirán cierto compromiso. A la luz está que la clásica lista de ventajas e inconvenientes nunca puede ser un buen método, pues siempre habrá puntos que escapen a nuestro conocimiento. En lugar de eso, podemos definir a qué le acordamos un *valor más elevado* en una situación determinada, sin que ese valor tenga que ser, por fuerza, un valor moral. Pregúntate qué es lo más importante para ti. Puede que decidas vivir en Minnesota pese a su clima porque valoras, por encima de todo, estar cerca de tu familia. O puedes decidir que quieres dedicarte a la pediatría pese a las difíciles condiciones laborales porque para ti no hay nada más importante que la atención a la infancia. El factor que pese más para ti se convierte en la variable trascendental de la decisión, por pequeña o grande que esta sea. Así, cuando contemples tus decisiones en retrospectiva y sientas que cometiste un error, podrás considerar que la pérdida valió la pena porque te dejaste guiar por aquello que más valorabas. Al igual que todos, cometerás muchísimos errores, pero cada vez serás más capaz de definir lo que es primordial para ti. Y no hay nada más valioso que eso.

Confiar en tus instintos

Los instintos son una forma de inteligencia distinta a la razón. Nos vienen de golpe y porrazo instándonos a actuar para darles salida. Sin embargo, no podemos conectar con nuestro lado instintivo si antes no nos relacionamos, de un modo u otro, con nuestro inconsciente. Y aquí entran en juego dos cuestiones clave: debemos confiar más en las imágenes mentales que en las palabras y aprovechar los períodos de sueño como una puerta de acceso a la información superior. Cuando tengas que tomar una decisión, prueba a realizar lo siguiente: antes de irte a dormir, elige un posible curso de acción y visualiza qué pasaría en caso de optar por esa vía. Acto seguido, imagina qué sucedería en caso de tomar el curso de acción contrario. Luego, deja de lado ambas visualizaciones y vete a dormir. Cuando te despiertes, presta mucha atención: puede que aflore en ti un fuerte instinto que te empuje en una dirección u otra. Si se trata de una decisión importante, tal vez tengas que repetir este ejercicio varias veces. Franklin Delano Roosevelt era conocido por echarse una siesta corta antes de tomar cualquier decisión. Dado que se trata de una técnica que no recurre a la lógica, sino a las fuerzas que trascienden la mente consciente para que acudan en tu ayuda, puede resultarte algo extraño al principio. Pero, cuanto más observes tanto tus propias decisiones como las ajenas, más claro verás lo poco que interviene la lógica en lo que terminamos haciendo. Si tienes miedo de actuar dejándote guiar por tus instintos, perderás el contacto con esa parte de ti. Entonces, puede que acabes siguiendo los pasos de Hamlet y, presa de la parálisis, conviertas tu vida en una auténtica tragedia.

El único éxito verdadero

«PERMÍTANME QUE LES HABLE de los muy ricos —escribía F. Scott Fitzgerald—. Son diferentes a nosotros». Vuelan en sus aviones privados Gulfstream, se construyen mansiones y cuentan con una legión de personal que se ocupa de atender todas sus necesidades terrenales. Parecen habitar en un universo con sus propias reglas, ajenos a las fuerzas que gobiernan la vida del resto de los mortales. En cuanto empecé a trabajar de manera regular para multimillonarios, descubrí que el señor Fitzgerald no podía estar más equivocado. El dinero protege a los ricos de la mayoría de las incomodidades físicas de la vida —con la sola salvedad de la enfermedad, claro está—. Pero, en lo que a la parte emocional y espiritual se refiere, la gente rica vive en el mismo mundo que el resto de nosotros y se enfrenta a los mismos desafíos y dificultades. Aun así, queremos pensar que los ricos están hechos de otra pasta porque refuerza nuestra creencia en el poder mágico del dinero. Al fin y al cabo, si el dinero es realmente el culmen del logro humano, más vale que la gente rica sea diferente. Si no, ¿por qué motivo tendría nuestra sociedad semejante obsesión por la riqueza?

La codicia no puede ser la única explicación. Nuestra forma de sentir y actuar viene determinada por lo que creemos real, y nuestra cultura nos dice a diario que el dinero es el objetivo final de la realidad, el máximo valor del universo. La idea no es tan descabellada como parece. Después de todo, el dinero posee una cualidad que coincide con la naturaleza subyacente del universo: cada vez que tiene lugar una transacción financiera, los bienes y servicios cambian de manos y se genera un movimiento, un *flujo*. Imagínatelo como si fuese la fuerza dinámica que pone *absolutamente todo* en movimiento. La mismísima esencia del universo está viva y no deja de crear cosas nuevas, y es parte de nuestra naturaleza humana anhelar esa realidad definitiva. El dinero se ha convertido en un sustituto de esa fuerza motriz, lo que nos lleva a malinterpretar el significado del éxito. Y lo cierto es que instaurar el dinero como modelo de éxito está destrozando nuestra sociedad.

El verdadero modelo de éxito lo tenemos justo delante de nuestras narices. El propio universo es todo un ejemplo de éxito. ¿Por qué? Pues porque lleva decenas de miles de años creando vida sin cesar en un flujo ininterrumpido. Cada uno de nosotros constituye un minúsculo modelo del universo; de ahí que alberguemos esa misma necesidad de estar continuamente creando. Crear es lo único que puede hacernos sentir realmente vivos y exitosos. No hay suma de dinero capaz de reemplazar esa sensación. Esto es algo que aprendí mientras trataba a un hombre que había amasado una fortuna personal de más de mil millones de dólares comprando y vendiendo empresas con un socio más joven que él. Cuando disolvieron la empresa, mi paciente cayó en una grave depresión, incapaz de confiar en su capacidad para crear nuevas oportunidades de negocio por su cuenta. Aún puedo oírle decir: «Si no puedo seguir generando dinero, dejaré de ser una persona de éxito». A pesar de que semejantes palabras denotan cierta codicia y neurosis, también encierran una profunda verdad: todos necesitamos sentirnos capaces de alumbrar algo nuevo en nuestras vidas. Necesitamos sentir que fluimos a diario. Por desgracia, el dinero era lo único que aquel hombre consideraba que podía crear de nuevas, un error que casi llega a consumirlo.

El verdadero éxito es el soplo de vida que sientes al crear algo nuevo. Y eso no tiene nada que ver con ningún resultado externo. El éxito ocurre cuando habitas un espacio en el universo donde conectas con el flujo. En cuanto aprendes a encontrar ese universo de éxito, sientes que el futuro alberga un sinfín de posibilidades. Su opuesto es el universo del fracaso, un mundo limitado donde no se crea nada nuevo y donde te sientes una víctima que carga con una losa a sus espaldas, incapaz de vislumbrar un futuro positivo. Cada día se convierte en un éxito o un fracaso en función del mundo en el que decidas vivir. Esto cambia por completo las reglas del juego. La clave para tener una buena vida está en encontrar el modo de acceder al universo del éxito y permanecer en él.

Esto no es ningún constructo intelectual; cuando entras en ese mundo fluido, lo cierto es que te sientes totalmente diferente.

¿Y cómo podemos encontrar *la forma de acceder a ese estado creativo?* Basta con seguir el modelo del universo y su ciclo de creación. Observa los grandes ciclos de la evolución. La mutación genética sería el equivalente del instinto humano a la hora de instaurar un cambio. Cada vez que el universo actúa creando un nuevo organismo, se produce una consecuencia: esa nueva forma de vida o bien sobrevive, o bien se extingue. Fíjate en el profundo éxito que resultó de semejante ciclo: la mismísima raza humana. Y el ciclo no se detiene jamás. Cada consecuencia conduce a un nuevo instinto, que vuelve a reiniciar el ciclo una vez más. En un bucle incesante de instinto, acción y consecuencia, el universo nunca se detiene. La persona realmente exitosa es aquella que tiene el coraje de trabajar en ese ciclo una y otra vez. La mayoría de las personas no están dispuestas a hacer algo así; salen del ciclo y pierden de vista el universo del éxito y su sentido de posibilidades. De ahí la sensación de fracaso que tiene tantísima gente. En lugar de eso, emula ese ciclo de acción creativa y trasládalo a tu propia vida. A continuación, te explico el modo de hacerlo.

Escuchar tus instintos

Como dije en el capítulo anterior, un instinto es una forma de inteligencia que no se presenta en forma verbal y que quiere expresarse a través de la acción. Los instintos no poseen la claridad de los pensamientos, y no hay ninguna forma lógica de comprobar lo *certeros* que son. Un instinto es certero en la medida en que sientes que conecta con quién eres. Sin embargo, como la mayoría de nosotros no estamos acostumbrados a vivir siguiendo nuestros instintos, no confiamos en ellos. Solo hay una forma de saber con exactitud qué te están diciendo tus instintos: *debes entrenar esa parte de ti.* Si tienes la sensación de que podrías tener talento para escribir guiones, pero nunca lo has intentado, debes reproducir el ciclo de acción creativa para averiguarlo. En otras palabras, debes escribir un guion y atenerte a las consecuencias. Por supuesto, a todos nos preocupa el fracaso que revelará lo *equivocado* que estaba nuestro instinto. *La clave está en que no importa si te equivocaste.* Lo único que importa es que te entrenes para seguir tus instintos una y otra vez. Cada vez que lo hagas, estarás activando la magia de la creación y, por mucho que las cosas no acaben saliendo bien, confiarás cada vez más en tus instintos. El éxito reside justamente en esa confianza.

Pasar a la acción

A diferencia de los conceptos intelectuales, la inteligencia instintiva no tiene valor alguno hasta que no la pones en práctica. A la mayoría de las personas nos cuesta un mundo pasar a la acción, así que nos limitamos a esperar de brazos cruzados con la esperanza de que, en algún momento, nos entre un arranque de motivación o se esfumen nuestros miedos. Esto no viene sino a reflejar lo mal que entendemos el éxito. Pasar a la acción es algo necesario, que no depende de nuestra forma de sentir. ¿Por qué? Pues porque nuestras acciones no tienen como fin último ganar nada ni conseguir ningún resultado concreto; actuamos porque es la propia acción la que cambiará nuestro estado. Cuando tienes una corazonada, debes entrenarte para pasar a la acción de inmediato. Esto activa el ciclo y te pone en contacto con las fuerzas creativas del universo, que harán que tu estado cambie en el preciso instante en que pases a la acción. Que tengas éxito o fracases carece de importancia.

Aceptar las consecuencias

Así como la mayoría de nosotros malinterpretamos el papel que desempeña la acción, también malinterpretamos el significado de las consecuencias. Estas no siempre son buenas. Supongamos que tu primer guion no se vende o que tu empresa de nueva creación se va a pique. Es natural llevarnos las consecuencias negativas al terreno personal y pensar que somos un fracaso. Pero, de acuerdo con esta nueva perspectiva, solo serás un fracaso si sales del ciclo de creación. Cuando estás determinado a mantenerte en el ciclo, una consecuencia negativa tan solo representa una corrección. Y recuerda: lo que sea que estés creando, no lo estás creando tú solo. Toda nueva creación es fruto de tu colaboración con las fuerzas vitales del universo. Cada vez que recibes una corrección, solo significa que no abordaste esas fuerzas superiores de la forma adecuada. Quizás descubras que se te da mejor escribir novelas que guiones, o que necesitas comenzar un negocio de otro tipo. Cocrear con las fuerzas superiores es una actividad profunda que rara vez nos sale bien a la primera —o tan siquiera a la centésima vez—. Una vez que lo aceptas, comienzas a sentir la sabiduría divina aun cuando las consecuencias no podían ser peores. En este punto, te vuelves imparable y puedes seguir creando a diario hasta el fin de tus días.

Y no hay dinero en el mundo que pueda hacerte sentir así de bien.

Amar a la persona
con la que estás

NUESTRA CULTURA está marcada por la búsqueda incesante de algo mejor. Creemos que nos corresponde por derecho divino tener la casa más grande, el coche más rápido y el trabajo de mayor prestigio. Y, dejándonos llevar por una fuerza ciega, estamos constantemente buscando algo mejor fuera de nosotros mismos. El resultado de ello es un frenesí de actividad impulsado por el miedo a perder algo, que nos agota a nivel emocional y nos deja espiritualmente vacíos. Esta búsqueda se vuelve aún más destructiva cuando se trata de nuestras relaciones íntimas. Querer un coche mejor es una cosa, pero querer una pareja mejor es otra muy distinta. Hemos llevado una fuerza adquisitiva y crítica a un lugar que nada tiene que ver con eso: el reino del amor.

Yo mismo pude presenciar un ejemplo extremo de esto en un paciente mío: un actor de unos treinta y tantos años felizmente casado y con dos hijos, que llevaba años batallando para sacar su carrera adelante. Un buen día, le dieron el papel protagonista en una película que fue todo un éxito de taquilla. De la noche a la mañana, se había convertido en una estrella de cine, algo para lo que no estaba preparado emocionalmente. Enseguida se mudó a una casa mejor y se compró algunos cachivaches nuevos, algo del todo comprensible. Pero ahí no quedó la cosa: empezó a hablarme de «conseguir una esposa mejor». Por retorcido que pueda sonar, sentía que su nuevo éxito le daba derecho a algo más en el área sentimental, así que empezó a buscarlo antes de que su carrera diese un vuelco y perdiese su ventana de oportunidad.

Lo más impactante de todo era la fantasía que se había creado en torno a los requisitos que debía reunir aquella nueva mujer: tenía que ser rica y famosa por méritos propios, increíblemente carismática y llevar un estilo de vida propio de la *jet set*. Y aunque enseguida se apresuraba a recalcar lo guapa, cariñosa y creativa que era su esposa, sus cualidades humanas palidecían al lado de las de aquella pareja imaginaria. Así fue como empezó a buscar ese ideal entre las actrices famosas que su nuevo estatus le permitía conocer. De lejos, todas parecían prometedoras; pero, como no podía ser de otro modo, siempre acababa encontrando los suficientes defectos como para convencerse de que no era la indicada. Durante su cacería, su esposa le pidió el divorcio y, en cuestión de meses, él le estaba rogando que lo perdonara. No fue hasta que ella decidió volver con él que empezó a entender lo que implicaba estar en una relación madura.

Aquel hombre casi acaba con su matrimonio por perseguir una ilusión. Los requisitos que andaba buscando no tenían ninguna importancia; *lo que en verdad quería era estar con alguien que tuviese la habilidad mágica de transformar la naturaleza de la realidad.* La realidad es incierta y a menudo dolorosa, y no deja de ponernos a prueba. En definitiva, requiere trabajo. La cultura de consumo no deja de vendernos la magia de los productos que adquirimos. Entonces, ¿por qué no deberíamos salir a buscar algo de magia verdadera y encontrar a alguien que pueda librarnos de la mismísima realidad? Alguien así podría llevarnos a un universo alternativo donde nos sintamos siempre bien y la vida sea coser y cantar.

El problema es que ningún ser humano, por muy atractivo que sea, tiene semejante poder. Todo cuanto podemos hacer es *proyectar* esa habilidad en otro ser humano imperfecto. Sin embargo, en cuanto empezamos a pasar tiempo con esa persona, acabamos irremediablemente decepcionados, pues no nos parece que tenga más magia que nosotros. ¿Cómo ocurre algo así?

Imagina que estás viendo una película con un proyector. La pantalla debe situarse a cierta distancia de este, ya que, si está demasiado cerca, no se verá nada. Ocurre exactamente lo mismo con la gente: solo es posible atribuirle propiedades mágicas a alguien cuando estás a cierta distancia de esa persona. A medida que la vas conociendo, la distancia emocional desaparece y, con ella, también la imagen que habías proyectado. En ese momento, empiezas a ver a esa persona por lo que en realidad es, con la consiguiente decepción que eso supone. Entonces, pasas a proyectar tu fantasía en otra persona lo más inaccesible posible: alguien casado, que no esté interesado en ti o que tan siquiera hayas conocido. Eso te permite guardar las distancias y mantener vivo tu sueño.

Con el tiempo, la mayoría de las personas acaban dándose cuenta de que esa clase de pareja de nivel estratosférico no existe. Entonces, se vuelven más dispuestas a hacer un trabajo junto con su pareja y a comprender la realidad del amor.

Por resumirlo en pocas palabras, el amor es un proceso y, como tal, requiere un trabajo que nunca llega a su fin, dado que es imposible alcanzar la perfección. Aceptar semejante verdad puede no ser plato de buen gusto, pero es el primer paso hacia la felicidad. Del mismo modo que te empleas a fondo para mejorar tu técnica de piano o cuidar de tu jardín, puedes esforzarte para que tu relación de pareja te resulte lo más satisfactoria posible.

Esto requiere algo de inspiración: debes sentir que el trabajo te nutre de verdad y creer que tienes una posibilidad razonable de tener éxito (aunque realizar el trabajo ya es, de por sí, el mayor éxito). De lo contrario, abandonarás el proceso y volverás a buscar, fuera de tu relación, la euforia mágica que solo alguien que no conoces de cerca puede darte. A continuación encontrarás las áreas en las que debes trabajar y algunas herramientas útiles:

Mantener las fantasías a raya

Es parte de la naturaleza humana fantasear con otras personas. Nos decimos a nosotros mismos que dejar volar nuestra imaginación es un pequeño placer gratuito que no hace daño a nadie, y a menudo es así. Pero, a partir de cierto punto, nuestras fantasías pueden empezar convertirse en un obstáculo para una relación. Sabrás que tus fantasías se han salido de madre si duran mucho, te involucras emocionalmente, las usas como antídoto contra la insatisfacción con tu pareja o no guardan relación alguna con la realidad. Las fantasías se construyen a partir de imágenes y, por lo tanto, llevan una tremenda carga emocional (por eso nos gustan tanto las películas). Cuanta más energía dediques a tu vida de ensueño y fantasía con la pareja que solo existe en tu mente, menos energía te quedará para tu pareja y vida reales. Calcula con total honestidad la cantidad de tiempo que pasas en las nubes. Si la cosa se te ha ido de las manos —algo que suele suceder—, debes desarrollar el hábito de interrumpir todas tus fantasías. Esto incluye las fantasías sexuales, que son las más convincentes. Al principio, odiarás tener que hacer algo así; pero, cada vez que pongas los pies en el suelo, podrás decirte a ti mismo que eres una persona adulta comprometida lo suficientemente fuerte como para afrontar la realidad. Esto hará que te sientas más satisfecho contigo mismo, que es una condición *sine qua non* para llevar una vida de pareja que te llene.

Dejar de juzgar

Ya es lo bastante difícil aceptar el inmenso poder que tienen nuestras fantasías, pero es más difícil aún aceptar el que tienen nuestros juicios. Cuando piensas en alguien que está fuera de tu alcance, cuesta muy poco engrandecer atributos como su inteligencia, su personalidad o su sexualidad. Pero lo cierto es que tales pensamientos no son más que juicios basados en la emoción, que a menudo resultan ser falsos. La mayoría de nuestras reacciones tienen más que ver con nuestra forma de *concebir* a la otra persona que con la verdad objetiva de quien es, y esto ocurre incluso con nuestra propia pareja. A nuestro ego le resulta insultante aceptar que la mayoría de nuestros juicios son subjetivos y no inherentemente *correctos*. Sin embargo, cuando admites algo así, eres libre de escoger aquellos pensamientos que contribuyen a mejorar tu relación. Para ello, lo primero que debes hacer es mantener a raya los juicios negativos sobre tu pareja. Conforme la relación va avanzando y los defectos de la otra persona salen a la luz, todos tendemos a tener cada vez más pensamientos negativos y a centrarnos en sus puntos débiles. Sin embargo, nuestros juicios negativos no son correctos: son fruto de nuestra decepción al descubrir que nuestra pareja no es perfecta. El proceso de amar requiere que tomes conciencia de esa clase de pensamientos negativos y los despejes de tu mente, reemplazándolos por otros positivos. Debes esforzarte por crear pensamientos sobre sus cualidades positivas y dejar que estos renueven la atracción que sientes hacia la otra persona. Realizar este tipo de trabajo merece la pena, no solo porque te sentirás más satisfecho con tu pareja, sino también porque este nuevo autocontrol mental conlleva un poder inherente que te convertirá en una persona más segura y emocionalmente estable durante el resto de tu vida.

La expresión emocional

Nos gusta creer que las emociones que expresamos a nuestras parejas se basan en lo que realmente sentimos por ellas. Pero no deja de ser menos cierto que las emociones que expresamos *determinan* lo que sentimos por ellas. Prueba a realizar lo siguiente: cada vez que estés con tu pareja —y, en especial, cuando estéis a solas—, háblale y tócala como si fuera alguien irresistible, poniéndole más pasión de la que en verdad puedas estar sintiendo. Hazlo con regularidad durante toda una semana. Te garantizo que, como por arte de magia, tu pareja te parecerá más atractiva. En cuanto compruebes lo eficaz que es expresar tus emociones positivas con regularidad, lo aceptarás como parte del trabajo que requiere el proceso de amar. Además, es probable que tu pareja siga tus pasos al experimentar de primera mano el esfuerzo que has hecho. No solo mejorarás tu relación, sino que aprenderás a inspirar a otras personas a través del poder de tu propia expresión emocional.

No nos han educado para pensar que el amor requiere una ingente cantidad de esfuerzo y disciplina. Pero, nos guste o no, esa es la realidad del amor. En cuanto te pongas manos a la obra, sentirás un progreso en tu relación y mirarás al futuro con esperanza. Con el tiempo, incluso descubrirás el propósito superior de tu relación. Esta es tu oportunidad de aceptar y llevar a cabo el interminable trabajo que el amor exige. Y no hay mejor maestro que semejante labor.

Tomar partido

CUANDO DE NIÑO JUGABA en las calles de Nueva York, siempre tenía miedo de que me agrediesen. El primer puñetazo que me llevé me hizo derramar algunas lágrimas. Me convertí en todo un experto en evitar peleas y, al cabo de los años, decidí aprender artes marciales. Como parte del entrenamiento, teníamos que pelear entre nosotros. Para mi sorpresa, descubrí que podía recibir un golpe descomunal sin que me afectase demasiado. ¿Por qué aquel puñetazo lleno de rabia me había dolido muchísimo más que los que me llevaba en la clase de karate? La respuesta estaba en que recibir un golpe en una pelea llevaba asociado un dolor *emocional* que no estaba presente en los entrenamientos: el dolor de comprender, para tu asombro, que alguien *quiere hacerte daño de verdad*. Salvando las distancias, es lo mismo que les ocurre a los soldados que entran en combate por primera vez. Cuando las balas empiezan a volar, lo primero que experimentan —incluso antes que el miedo— es un estado de conmoción. No pueden llegar a creer que alguien quiera matarlos. Las guerras, o incluso las peleas a puñetazos, son formas extremas de conflicto humano. Sin embargo, nuestra forma de reaccionar ante algo así no viene sino a revelar una ilusión que la mayoría de nosotros compartimos y que limita gravemente nuestra capacidad de vivir la vida al máximo.

Y es que nos gusta creer que es posible evitar el conflicto. Esto no solo incluye el conflicto físico llevado a sus formas más extremas, sino también los ataques verbales y emocionales a los que nos vemos sometidos de manera más habitual. ¿Cómo es posible seguir manteniendo semejante ilusión cuando vemos tantísimos conflictos a nuestro alrededor? Nos cuesta poco aceptar el ataque *ajeno*. Sin embargo, cada uno de nosotros cree, de todo corazón, que posee alguna clase de bondad especial que lo protege; de ahí nuestro asombro al ver que alguien quiere hacernos daño. Nos decimos a nosotros mismos: «Pero si soy una buena persona. ¿Cómo podría alguien querer hacerme daño?». No obstante, semejante reacción es más propia de un niño que de una persona adulta. Los niños buscan la seguridad en la adoración de sus padres y de quienes los rodean. Mientras se sientan queridos, creen estar en un universo seguro, en un mundo libre de hostilidades. Crecer es precisamente el proceso de dejar atrás esa burbuja de protección para adentrarte en una realidad que te expone a ataques —a menudo gratuitos— de otras personas.

El ataque más doloroso que alguien pueda experimentar es el de sentirse incomprendido o incluso odiado. Esto es justo la experiencia opuesta a la validación y adoración que nuestro niño interior tanto anhela. Un buen día, le pides a tu vecino que apague la música a medianoche, y este te acusa de ser un imbécil metomentodo. O te dispones a dar una charla y un bocazas va y te interrumpe a grito pelado. O presentas una idea nueva en una reunión de trabajo y tu jefe te insulta de malas maneras. El odio y la incomprensión no solo implican que no le gustas a alguien, sino básicamente que se hacen una idea equivocada de la persona que eres. En definitiva, el mundo no consigue ver tus buenas intenciones. Y, como nuestra parte infantil se identifica tanto con nuestra bondad, sentimos como si nos estuviesen difamando.

Nos estamos convirtiendo en una sociedad en la que nadie toma partido. La cultura de las redes sociales ha intensificado el miedo al odio y los malentendidos, ya que la reacción llega hoy más rápido que nunca. Como consecuencia de ello, nuestros líderes actuales anhelan tanto la validación del electorado que suelen tener miedo de tomar una posición clara. Recurrir a encuestas para decirnos lo que queremos escuchar difícilmente puede calificarse de liderazgo. Además, los medios de comunicación son capaces de desatar un frenesí capaz de destruir tanto a los culpables como a los inocentes.

Cada uno de nosotros debe aprender a tomar partido en su propia vida. Para ello, debemos estar seguros de poder soportar el odio y la incomprensión a los que, con toda certeza, nos veremos expuestos. La mayoría nos tomamos los ataques muy a pecho. Nos quedamos atrapados en lo *injustos* que son, lo que solo agrava el dolor. En lugar de eso, podemos encontrar un sentido superior a ese dolor y aprender a ver el odio y la incomprensión como *una oportunidad para encontrar nuestra verdadera individualidad*. La parte infantil de ti mismo que está sedienta de aprobación no es tu verdadero yo. Solo cuando esa parte de ti *no* recibe la adoración que tanto anhela, puedes descubrir otra parte más profunda de tu propio ser: esa que vive ajena a la imagen que los demás puedan tener de ti. Sin conflicto, nadie descubriría ese yo más profundo. Las experiencias de odio e incomprensión hacen añicos nuestro ego para que podamos recomponer el rompecabezas de nuestro verdadero ser.

No te conviertes en una persona adulta de verdad hasta que no descubres ese yo independiente. En nuestra cultura, hemos confundido la adultez *física* con la auténtica adultez espiritual. El mundo antiguo entendía esa diferencia mucho mejor que nosotros. Las tribus realizaban ritos sagrados de paso a la edad adulta que alentaban a los adolescentes a renunciar a sus necesidades infantiles de seguridad y a empoderarse como personas adultas. Además, había que tener al menos sesenta años para poder ocupar un puesto en un consejo tribal, ya que se suponía que solo quienes habían alcanzado una edad tan avanzada se habían desprendido por completo de sus inmaduras necesidades de validación externa. Los adultos de edad más avanzada eran respetados precisamente *porque* estaban más desapegados del mundo y, por lo tanto, poseían la sabiduría del verdadero yo.

Hoy en día, es *la propia vida* la que se encarga de iniciar a la persona en la edad adulta a través, principalmente, de experiencias de odio e incomprensión. Así pues, recibir ataques no implica que hayas hecho algo mal: tan solo es la vida poniendo a prueba tu adultez espiritual. Un hombre de negocios que acudía a mi consulta ejemplifica a la perfección esta forma moderna de iniciación. Era un hombre de cuarenta años brillante y ambicioso que había desarrollado un innovador producto de tecnología punta. Cuando el producto llegó al mercado, otra empresa lo acusó públicamente de haberle robado la idea y lo demandó. A raíz de todo aquello, mi cliente recibió una gran cantidad de publicidad negativa. La cuestión no estaba solo en lo injustas que eran las acusaciones, sino en lo maltrecho que quedó su ego tras poner en entredicho la originalidad e integridad de las que tanto se enorgullecía. Tras aquella humillación pública, se retiró del mundo de los negocios durante dos años por miedo a que su carrera estuviese acabada. Aquella experiencia le permitió descubrir, para su asombro, que podía vivir sin su antigua reputación y estatus. Un año más tarde, presentó otro producto revolucionario con el que cosechó una fortuna y un reconocimiento que superaban sus sueños más desenfrenados. Creó una gran empresa y se labró una imagen de líder justo y sensato. Al final, pese a lo dolorosa que había sido para él aquella primera experiencia de odio e incomprensión, acabó sintiéndose afortunado de haber vivido algo así. De no haber sido por aquella experiencia, estaba convencido de que el éxito se le habría subido a la cabeza y habría acabado siendo un líder caprichoso abocado a la infelicidad. En resumidas cuentas, ejercía bien su nuevo poder porque sabía que podía alejarse de él.

La mayoría de las personas podemos acceder a nuestro yo adulto a través de una serie de pequeñas experiencias cotidianas de odio e incomprensión. Una vez, trabajé con una madre joven que estaba criando a su primer hijo, una brillante y tozuda niña de cinco años. La madre era insegura y necesitaba la constante adoración y aprobación de su hija. Cuando la madre trató de establecer límites, era prácticamente incapaz de hacer frente a las acusaciones de su hija de que no la quería. Como consecuencia, se producía un cambio de roles en el que la madre tenía miedo de imponerle a su hija cualquier clase de límite, en especial a la hora de irse a dormir. Cuanto más se salía la niña con la suya, más irritable e hiperactiva se volvía esta. La mujer no pudo recuperar su papel de madre hasta que no asumió que era su *responsabilidad* soportar el odio y la incomprensión de su hija. Hasta ese momento, la niña había estado sin madre. Hoy en día, este problema es tan habitual que todos los padres deben hacer frente común para poder tomar posiciones impopulares frente a sus respectivos hijos. Sin embargo, en una familia no puede reinar el orden sin este tipo de decisiones. Los niños a los que no se les niega nada de pequeños no podrán tolerar que se les niegue nada una vez que sean mayores. En definitiva, nunca crecerán espiritualmente.

En cuanto aprendes a ver el odio y la incomprensión como la oportunidad que son, te ves recompensado con el descubrimiento de tu verdadera individualidad. Entonces, serás capaz de formarte tus propias opiniones con independencia de lo que piense la mayoría y expresar tus propias ideas sin ceder lo más mínimo ante los ataques. Con esta nueva fortaleza, te conviertes en un líder natural.

En eso consiste la adultez espiritual.

Y es infinitamente más satisfactoria que toda la adoración del mundo.

Sin lugar a dudas,
una cuestión de fe

HACE ALGUNAS DÉCADAS, iba por la calle de camino a la tintorería cuando, de repente, me encontré con una larga fila de personas de todo tipo y edad. Avanzaban a paso de tortuga sin rechistar. Mucho más adelante, vi la fila serpenteando, entre luces y cámaras, a la entrada de un edificio de oficinas. Como era en Los Ángeles, di por sentado que se estaba filmando una película y que todo aquel gentío estaba haciendo cola para poder formar parte del elenco de extras. ¿Por qué si no estarían esperando con tantísima paciencia bajo aquel sol abrasador de finales de verano? Pero luego, a medida que me iba acercando a la entrada, empecé a ver a hombres y mujeres agachándose para dejar un ramo en la pila de flores más descomunal que había visto en toda mi vida. Había periodistas por doquier, así que me acerqué a una de ellas para preguntarle qué estaba ocurriendo. Al escuchar mi pregunta, me miró como si hubiese perdido la chaveta y me espetó con sequedad: «Es el consulado británico». Entonces caí en la cuenta de que toda aquella ceremonia callejera era por la princesa Diana, que había fallecido la semana anterior. De repente, todos aquellos rostros resueltos y solemnes de la muchedumbre cobraron sentido. Quienes allí se congregaban para llorar a Diana esperaban bajo aquel sofocante calor con tal de poder participar en algo más grande y significativo que la experiencia ordinaria de su vida cotidiana. Para ellos se trataba de una experiencia espiritual.

No cabe la menor duda de que la princesa Diana empleaba su fama para poner en la palestra cuestiones de gran calado. Aun así, cabría preguntarse por qué su figura era tan sumamente trascendental para aquellos estadounidenses comunes y corrientes. Al fin y al cabo, no tenían ningún vínculo personal con ella, y ni siquiera eran compatriotas. Sin embargo, en cierto modo, Diana satisfacía el profundo anhelo que habitaba en cada uno de ellos, que es el mismo que habita en todos nosotros: sentirnos conectados con una fuerza superior. Solo que, como es habitual en nuestra sociedad, buscaban esa conexión en el mundo exterior. Las cualidades superficiales de Diana —su juventud, estatus y glamur— la convirtieron en una elección obvia para volcar sus proyecciones, lo cual revela una tragedia mayor que su propia muerte prematura. Cada vez que convertimos a personas y cosas del mundo exterior en nuestras fuentes de sentido último, no hacemos más que fallarnos a nosotros mismos. El desafío principal que se nos plantea aquí consiste en crear una experiencia interna de algo superior. Da igual que lo llames Dios, flujo o poder superior; lo que importa es que te esfuerces por encontrar esa fuerza dentro de ti. Solo entonces habrás encontrado tu verdadera individualidad.

La mayoría de nosotros no conseguimos dar el salto al mundo interior porque nos falta fe: esa fuerza que nos proporciona paz y certeza sean cuales sean nuestras circunstancias externas. A la larga, la vida no es tolerable sin fe. Durante las vacaciones es cuando más acusamos su falta; de ahí que muchos de nosotros sintamos tantísimo vacío a finales de año. La avalancha de regalos y fiestas no vienen sino a parodiar ese vacío interior. No obstante, el parón que nos brindan las vacaciones puede ser una oportunidad de oro para proponernos cultivar nuestra fe. De hecho, podemos entrenarla de manera tan sistemática como entrenamos en el gimnasio para desarrollar nuestra musculatura. Pero, para ello, antes debes dejar de fijarte en el mundo exterior.

La fe consiste en la profunda convicción de que la vida posee un sentido superior que ningún acontecimiento externo puede demostrar, y nuestras mentes modernas se resisten a creer algo así. Todo cuanto creemos lo creemos porque contamos con pruebas que *demuestran* su certitud. Aunque esto funciona a las mil maravillas en el ámbito científico, en las cuestiones humanas no tanto. El siglo pasado —el siglo de la ciencia—, fue escenario de un nivel de muerte y sufrimiento jamás visto en la historia de la humanidad. Exigir pruebas en el ámbito de la fe es como querer usar un destornillador para clavar un clavo: no es la manera correcta de enfocar el asunto. Piensa en la labor que desarrolla un científico. Como principio básico, no cree en nada hasta poder demostrarlo, y solo da como verdadera una información una vez que dispone de pruebas externas de ello. Por lo tanto, el científico siempre parte de la duda. Podría decirse que trabaja en el marco de un sistema de dudas. De manera errónea, hemos trasladado este enfoque científico a los problemas espirituales; de ahí que queramos comprobar la existencia de una fuerzas internas superiores. Pero, al hacerlo, activamos nuestro propio sistema de dudas, lo que nos deja en un estado interno que es del todo incompatible con la fe. Aquí está el origen de la neurosis y la inseguridad colectivas que vemos a nuestro alrededor.

El dilema humano radica en que las cosas importantes de la vida no pueden demostrarse. La fe es tan poderosa precisamente por eso: porque no requiere de pruebas. Por ejemplo, por mucho que sepas que quieres a tus padres, no tienes forma de demostrarlo, porque el amor que les profesas no tiene nada que ver con la lógica o el intelecto. La fe también es un tipo distinto de conocimiento. Podría llamarse *conocimiento vivo*, puesto que no se trata del tipo de conocimiento que posees una vez adquirido, sino que solo existe en la medida en que vive dentro de ti como experiencia. El conocimiento vivo —al igual que los seres vivos— exige un esfuerzo constante para mantenerlo con vida. Para tener la paz mental y la confianza que proporciona la fe, debes aprender a practicarla. Esta práctica consiste en una forma de vida que desarrolla un órgano espiritual: nuestro ser superior, esa parte de nosotros capaz de experimentar fuerzas que nos sobrepasan; y las experimenta con la más absoluta de las certezas. Sin embargo, el yo superior es como un instrumento musical: si no practicas con regularidad, no sirve de nada. La vida cotidiana nos brinda tres oportunidades diferentes de construir semejante conocimiento vivo.

Renunciar a la gratificación inmediata

Una de las razones por las que nos cuesta tanto resistirnos a la tentación de tomar un segundo trozo de tarta —o una tercera copa— es que somos incapaces de conectar ese acto con algo más elevado que la situación inmediata. Está claro que no quieres ganar unos kilitos de más, pero semejante propósito palidece frente al intenso placer que te está mirando a los ojos. El único modo de encontrar una verdadera motivación para renunciar al placer es sentir que, al hacerlo, estás construyendo una fuerza superior en tu interior, como si, en ese preciso instante, estuvieses depositando una moneda en tu hucha espiritual. Si practicas esto con regularidad, tus ahorros te brindarán una auténtica sensación de poder espiritual. Entonces, empezarás a sentir que tienes las riendas de ti mismo y del mundo físico que te rodea. Con el tiempo, aprenderás que renunciar a la gratificación inmediata te aporta mucho más de lo que te priva.

Este enfoque de la autodisciplina lleva implícita la idea de que todo está interconectado. Cada acción que realizamos, cada situación en la que nos encontramos, forma parte de un todo. Así pues, resistir el impulso de chillarle a tu pareja, controlar tu apetito o no ceder a la pereza son gestos que guardan relación entre sí; si te entrenas para ello, aprenderás a sentir su conexión. Esa sensación de que absolutamente todo es importante cambia por completo la visión que tienes del mundo que te rodea. De este modo, la vida dejará de parecerte una sucesión caótica de acontecimientos que no guardan relación entre sí.

Confiar en el proceso

Todo lo que realmente importa en la vida requiere un proceso. Cosas como arrancar un nuevo negocio, escribir un libro o amar a tu pareja exigen realizar un sinfín de pequeños pasos. A todos nos cuesta involucrarnos en cualquier proceso porque, cada vez que damos un paso, no tenemos ninguna garantía de que vayamos a tener éxito. Siempre hay un momento en el camino en el que nos sentimos disgustados por el esfuerzo que tenemos que hacer y nos entran ganas de tirar la toalla. Lo paradójico del asunto es que son precisamente esos momentos sombríos los que nos brindan la oportunidad de desarrollar nuestra fe. Cuando encuentras la fuerza de voluntad necesaria para seguir adelante durante esos instantes de desaliento en los que el mundo exterior no te promete nada, estás confiando en unas fuerzas internas más elevadas. En eso consiste la fe. Como ya he mencionado antes, al yo superior no le importan los resultados; todo cuanto necesita para existir es estar continuamente participando en algún proceso.

Encontrar un sentido
a los acontecimientos vitales

Durante su internamiento en el campo de concentración de Auschwitz, el psiquiatra Viktor Frankl, en el marco de sus labores como médico, pudo realizar un estudio pormenorizado de los prisioneros que sobrevivían y los que morían. Aquella investigación le permitió llegar a la conclusión de que la fe era la fuerza que permitía a los supervivientes soportar dificultades inimaginables. Fue así como descubrió que los prisioneros con una mayor fe eran los que podían encontrar un sentido incluso a los reveses más duros de la vida. A raíz de aquella experiencia, definió el sentido vital como aquello que el futuro le exige de forma particular a cada individuo. Desde este punto de vista, todo cuanto te ocurre en la vida, por duro que sea, se convierte en una prueba específicamente diseñada para que puedas desarrollar determinadas fortalezas. Valga decir que este tipo de trabajo exige un gran esfuerzo. Pero, si asumes que es tu responsabilidad espiritual encontrar un sentido superior a los acontecimientos de tu vida, ten casi por seguro que tu fe se verá acrecentada.

No tengo ninguna prueba externa de que estos ejercicios te permitirán fortalecer la fe, pero sí que tengo pruebas internas. No hay mayor evidencia que el cambio y la vitalidad que experimentarás.

Una relación ejemplar

ROMEO Y JULIETA es quizás la obra más emotiva y romántica de Shakespeare. Pero, más allá de su belleza, encierra una advertencia: las relaciones basadas en un modelo puramente romántico están abocadas a la tragedia. Todos nos hemos dejado llevar alguna vez por la pasión a la hora de elegir a una pareja, y luego nos hemos llevado el chasco de descubrir que, en cuanto se nos pasa el arrebato, no queda absolutamente nada.

Nuestra cultura es la más ingenuamente romántica del mundo. Nos hacen creer que el amor lo puede todo —sobre todo si te casas con el capitán del equipo de fútbol o con la reina del baile—. Sin embargo, nuestra altísima tasa de divorcio deja bien patente que la pasión no basta a la hora de escoger a una pareja. El romance y la pasión son fuerzas irracionales e impredecibles; dada su naturaleza, no deberían emplearse como vara para medir la idoneidad de una nueva pareja o el valor de una relación ya existente. Al contrario: dado que las relaciones poseen una gran carga emocional, necesitamos una forma objetiva que nos permita evaluarlas al margen de la pasión. Cuando tienes claro lo que debería ser una relación ejemplar —con quien sea—, puedes hacerte una idea de lo que cabría esperar. Por lo tanto, contar con un modelo de referencia puede ayudarte a identificar los problemas que necesitas sanar en una relación, o puede proporcionarte la claridad necesaria para dejar a una persona que no te conviene.

Antes de ser capaz de reconocer una relación saludable, debes comprender la naturaleza de las relaciones tóxicas; aunque ya abordamos esta cuestión con anterioridad, vamos a recordar algunos puntos. Existe una fuerza que nos atrae, como si de un imán se tratara, hacia las personas que no nos convienen. Esta fuerza es, en pocas palabras, nuestra creencia en la magia. Queremos que la otra persona tenga el superpoder de cambiar la naturaleza de nuestra propia vida. Sin embargo, nadie puede eximirnos de la realidad: la vida es incierta, a menudo dolorosa y, sobre todo, un proceso interminable que requiere esfuerzo. Aun así, es parte de la naturaleza humana aferrarse a la ilusión de que podemos vivir en una realidad alternativa donde la vida es coser y cantar, y queremos que nuestra pareja nos lleve a ese otro mundo como por arte de magia. Así es como acabamos atribuyéndole un poder deslumbrante por el mero hecho de que es lo que queremos ver. Cegados por nuestra propia fantasía, es fácil acabar con la persona equivocada y terminar, irremediablemente, llevándonos un jarro de agua fría aunque no haya cambiado nada. Sin embargo, la esperanza es lo último que se pierde —y más sin son falsas—, así que nos empeñamos en tratar de revivir nuestra sensación de euforia inicial con la idea de que tal vez las cosas vuelvan a ser como al principio. Dejar una relación así no solo implica quedarse solo, sino también hacer añicos el sueño de no tener que seguir afrontando las adversidades de la vida. Paralizados ante semejante perspectiva, seguimos en algunas relaciones más tiempo del que deberíamos. Solo cuando asumas que nadie puede ahorrarte el dolor y el esfuerzo de vivir dejarás de buscar la magia en tus relaciones. En ese momento, todas esas personas inmaduras que antes te parecían tan atractivas dejarán de serlo.

Las *buenas* relaciones se basan en un vínculo más elevado que no está directamente ligado al hecho de encontrar la pareja adecuada, por muchas cualidades que esta tenga. Se trata más bien de algo con entidad propia que supera en magnitud a las personas involucradas; de una forma de convertir en sagrada la conexión entre ambas. Entonces, no hay nada —ni exigencias profesionales, ni terceras personas ni estados anímicos— que sea capaz de romper semejante compromiso. Las formas elevadas de vínculo son entidades vivas que hay que cuidar todos los días porque, en cuanto las desatiendes, comienzan a venirse abajo. Sin embargo, cuando las mantienes con vida, los esfuerzos se ven recompensados. Cada vez que dos personas anteponen el vínculo a sus propias necesidades e inseguridades inmediatas, crean algo que les proporcionará energía e inspiración incluso en las circunstancias más aciagas. El vínculo superior es tan duro como el trabajo que se necesita para mantenerlo. En cierto modo, podría decirse que semejante conexión se establece a través del esfuerzo. Las relaciones inmaduras son todo lo contrario: se basan en la esperanza de la magia, que es el más débil de los componentes. Esto no quiere decir que el vínculo superior carezca de pasión y romance; simplemente los trasciende.

En cuanto empieces a basar tus relaciones en esta forma de vínculo superior, contarás con un modelo realista que te permitirá evaluar a tu pareja o posible pareja. Así pues, debes tener el firme compromiso de trabajar en la creación de semejante vínculo junto con tu pareja y, a su vez, hacerte una pregunta fundamental: «¿Está la otra persona dispuesta a hacer lo mismo?». Si no lo está, entonces poco importa lo deprisa que te lata el corazón. A la larga, no te espera más que una vida de infelicidad. Hay tres cualidades básicas que una pareja debe tener para construir este tipo de vínculo: iniciativa, sacrificio y empatía. No tiene que sobresalir en las tres áreas

—ni tú tampoco, dicho sea de paso—, pero sí debe, por lo menos, esforzarse por mejorar en cada una de ellas. Una vez que aprendes a centrarte en estas cualidades, dispones de una serie de parámetros invariables y objetivos con los que evaluar a una pareja, y podrás dejar a un lado la ceguera que te producen tus emociones.

La iniciativa

Alguien pasivo no puede contribuir a crear un vínculo más elevado. En una relación, cada integrante tiene la responsabilidad de comunicarse constantemente con el otro. Esto incluye ayudar a su pareja antes de que esta se lo pida, mantener una comunicación diaria y planificar actividades conjuntas. Cuando tu pareja tiene iniciativa, sueles sentir una energía que emana de ella hacia ti. Si sientes que nunca obtienes nada de la otra persona sin tener que pedirlo, entonces le falta iniciativa. Las personas codependientes se engañan a sí mismas al pensar que puede existir un vínculo basado únicamente en su entrega emocional a la otra persona. Pero lo cierto es que algo así es imposible: el vínculo debe ser recíproco. Del mismo modo, he tenido pacientes convencidos de que mantienen una relación romántica con alguien, a pesar de que la otra persona rara vez los llame y jamás tome la iniciativa de planificar nada. Al final, no hacen más que perder el tiempo. Por el contrario, sabes que tienes una buena pareja si sientes que pone todo su empeño en acercarse a ti en esos momentos en que no te queda ni gota de energía, tienes la cabeza en otra parte o no haces más que pensar en tus cosas. Esa clase de compromiso se basa en la buena voluntad y la madurez y, por ende, es duradero.

El sacrificio

Construir un vínculo más elevado requiere que sacrifiquemos nuestros propios placeres y propósitos personales, al menos hasta cierto punto. Las personas inmaduras quieren estar en una relación sin renunciar a nada. Y, como viven en un mundo de fantasía, actúan como si pudiesen disfrutar de los beneficios de una relación sin pagar ningún precio. El vínculo superior es una fuerza espiritual, y este tipo de fuerzas no pueden construirse sin sacrificar algún deseo inferior. En el caso de quienes pueden sentir el poder de tales energías, esta clase de vínculo los inspirará, de manera natural, a realizar esos sacrificios. Una buena pareja se percata de que, cada vez que renuncia a algo por el bien de la relación —como ver una competición deportiva, lo que era todo un clásico en mis años de experiencia en consulta—, está reforzando ese vínculo más elevado. Y, como es consciente del valor que encierra semejante gesto, hace el sacrificio de inmediato y sin rechistar. Hay que andarse con ojo para no acabar con alguien sin capacidad de sacrificio.

La empatía

Una pareja empática es aquella que se muestra sensible contigo. Esto quiere decir, principalmente, que debería conectar con lo que estás sintiendo, sin que por ello tenga que leerte la mente o pasarse todo el día pendiente de tus emociones. Pero si continuamente tienes la sensación de que no está en sintonía contigo, no sabe cómo estás y, sobre todo, no tiene ni idea de cómo te hace sentir, es que tiene poca empatía. En mi experiencia, puedo afirmar con rotundidad que, en líneas generales, las mujeres son mejores que los hombres en esto, por lo que es justo esperar que los hombres hagan un mayor esfuerzo por desarrollar esta habilidad. He visto a los hombres más toscos y agresivos mejorar una barbaridad en este sentido por miedo a perder a su esposa si no lograban estrechar lazos con ella. También es habitual que el integrante de la pareja con poca empatía acuse a la otra persona de ser demasiado exigente cuando esta se queja. No hay que aceptar algo así. Sin la profundidad de una conexión empática que se trabaje a diario, no puede haber un vínculo más elevado.

Las relaciones engendran las emociones más profundas que los seres humanos pueden llegar a sentir. Como resultado de ello, es habitual que nuestra capacidad para juzgarlas se vea distorsionada. La belleza de emplear un modelo que te sirva de referencia es que, decidas lo que decidas, conocerás el porqué de tal decisión. Si optas por seguir en una relación, sabrás qué aspectos tienes que trabajar. Si, por el contrario, decides cortar por lo sano, lo harás con menos dudas. Recurrir a estos parámetros te ayudará a desarrollar la capacidad de ver a tu pareja con claridad, elijas lo que elijas. No hay mayor garantía que esa para asegurarse un futuro feliz.

La verdadera libertad: convertirse en una autoridad

CUANDO ERA MUY JOVEN, pasaba los fines de semana en casa de mi abuela, en el Bronx. Aunque solo estaba a unos pocos kilómetros de nuestro piso en Manhattan, parecía casi como estar en otro país. Aquellos edificios con la fachada recubierta de moho tenían las esquinas hechas polvo, y la gente tenía hábitos extraños, como beber agua con gas en sifones de vidrio azul que llegaban cada semana en cajas de madera. Había un sentido de comunidad muy sólido, aunque distendido. Algo habitual era que los vecinos se llamasen de ventana a ventana. Sin embargo, lo que más me llamaba la atención era que, si hacía algo mal, cualquier adulto del barrio se sentía con la libertad de reprenderme por ello. Recuerdo que una vez le di un empujón a otro niño pequeño; acto seguido, una mujer que estaba sentada en una silla plegable de madera frente al edificio me agarró por el pescuezo y me metió una buena bronca delante de todo el mundo. El resto de los adultos allí presentes me miraron con dureza sin cuestionar en ningún momento la actuación de la mujer. Aquellas mujeres hacían valer su autoridad frente a los niños sin ningún tipo de miramiento.

Hoy en día, el panorama es muy distinto: no es que los adultos hayan dejado de poner límites a los hijos de los demás, sino que a menudo tan siquiera lo hacen con los suyos propios. Les falta confianza en su autoridad como padres. Los niños pagan un precio muy alto por semejante error, ya que, sin autoridad, los adultos no pueden darles a los niños lo que necesitan. Y con amor no basta. Los niños carecen de la experiencia y la perspectiva necesarias para lidiar con el mundo que los rodea. El papel de los padres consiste precisamente en guiar a los niños estableciendo límites y enseñándoles a controlarse, algo que es imposible sin un fuerte sentido interno de autoridad. Los niños te *perciben* más de lo que te escuchan: no aceptan lo que les digas porque tenga lógica, sino porque perciben una autoridad positiva en ti. Si los niños no sienten que eres más fuerte que ellos, no les vales como padre o madre. No los habrás preparado para lidiar con la realidad; por lo tanto, en ese sentido, les habrás fallado.

Una ventaja de marcarles a los niños unos límites estrictos es que les impide involucrarse en asuntos que no son de su incumbencia. Una vez, un paciente mío se disponía a preguntar a sus dos hijos pequeños si les parecía bien tener otro hermanito. Sin salir de mi asombro, le expliqué que los niños no están preparados para tomar una decisión así. Y lo que es peor aún: el mero hecho de preguntarles da a entender que pueden participar en el mundo adulto. Esto tiene dos efectos negativos. El primero es que les confiere a los niños demasiado poder. A tan corta edad, suele ser habitual que abusen de él para manipular a sus padres y generar discordia en la familia. El segundo es que los expone a las preocupaciones de la vida adulta mucho antes de que hayan desarrollado la fortaleza necesaria para lidiar con algo así. Ese nivel excesivo de poder y ansiedad acaba emponzoñando espiritualmente a los niños. Así pues, nuestra responsabilidad consiste en mantener a los niños en el mundo infantil hasta que sean lo suficientemente fuertes como para abandonarlo. Pero, para ello, se requiere autoridad.

¿Por qué a los padres modernos les cuesta tanto actuar adoptando un rol de autoridad? La respuesta reside en una paradoja. Para *ejercer* autoridad como adulto, primero es necesario *someterse* a ella como niño. Si partimos de la base de que la autoridad es una fuerza con la que debes relacionarte, hay una forma correcta de hacerlo en función de tu edad y circunstancias. El niño debe relacionarse con la autoridad desde la sumisión, y le corresponde al adulto ejercerla. Sin embargo, los adultos que, de niños, no han tenido una relación adecuada en este sentido carecen de un sentimiento saludable de autoridad, lo que les dificulta muchísimo imponerse de manera natural; de ahí que acaben resultando demasiado comedidos o tajantes.

En los años sesenta, se extendió la idea de que los niños podían autorregularse y, por lo tanto, sabían cuándo era momento de ir a dormir, qué debían comer o cuántas horas podían pasarse frente al televisor. El resultado fue una generación de niños que nunca aprendió a someterse a la autoridad y que, en su gran mayoría, tuvo dificultades para ejercer una crianza firme. Aun así, todos los cambios que tuvieron lugar en aquella década surgieron de algo positivo: un tremendo deseo de libertad e individualidad. Sin embargo, el modelo para convertirse en un individuo libre se basaba en el desafío y, con el tiempo, dicho principio rector acaba haciendo agua.

La única vía para alcanzar la verdadera individualidad pasa por la disciplina y la sumisión. Con esto, no me refiero a la sumisión a un individuo concreto, sino a una forma superior de autoridad que se nos presenta como parte de las exigencias específicas de la propia vida. Solo cuando te sometes a esa autoridad superior eres capaz de llegar a convertirte tú mismo en una autoridad. Este tipo de individualidad requiere más trabajo, pero te confiere un poder inherente que los demás pueden percibir y que no solo impone respeto: también es fuente de inspiración. Esta forma superior de individualidad es la única libertad real. Además, no solo te será útil a la hora de criar a tus hijos, sino también para ser un mejor amigo, jefe o líder de tu comunidad. Con independencia de la infancia que hayas tenido, existen estrategias concretas para desarrollar esta clase superior de autoridad interna. Aquí van tres:

No dejar de avanzar en la vida

La verdadera autoridad solo puede emanar de tu auténtico ser, y en esto no hay trampa ni cartón que valga. Quienes te rodean perciben la profundidad de tu experiencia vital y te respetarán en consecuencia. La idea de no dejar de avanzar en la vida consiste en seguir teniendo nuevas vivencias en el mundo exterior y profundizando en tu mundo interior. Este incesante movimiento es el que te llena de vida. La gente joven percibe de inmediato si tienes un sentido vital en constante expansión o no. Cuando vas por la vida sin rumbo espiritual, sin ningún interés creativo, sin implicarte en ninguna comunidad y sin relaciones profundas, no estás avanzando. Desarrollar estas nuevas capacidades requiere la misma disciplina y sumisión que tan cruciales son para los niños. Así pues, para fortalecer tu sentido de autoridad interior, debes controlar tus hábitos personales y cumplir con las responsabilidades de tu vida cotidiana.

Tolerar los malentendidos

La verdadera autoridad se expresa sin importar lo que piensen los demás. Esta es una capacidad que se desarrolla a fuerza de mantenerte firme en tu postura aun cuando no cuentas con ningún apoyo externo o malinterpretan tus intenciones. Todos tenemos una necesidad infantil de que nuestro entorno nos valide y adore. Sin embargo, por muy doloroso que resulte, sentir que no te comprenden o te detestan te obliga a funcionar emocionalmente como una persona adulta.

Vivir de acuerdo con unos valores más elevados

Alcanzar la individualidad a base de plantar cara puede tener un impacto negativo en la sociedad, ya que, por lo general, semejante manera de funcionar no contempla ningún valor más elevado que pueda beneficiar a alguien que no sea uno mismo. No hay más que pensar en lo poco frecuente que es oír a algún grupo de interés de Washington D. C. hacer alusión a los efectos sociales de sus exigencias. No obstante, la autoridad solo puede emanar de alguien que tenga claros y exprese unos valores más elevados. Hacer algo así en nuestra vida cotidiana requiere un gran esfuerzo, sobre todo con los niños, porque implica que, cada vez que les reprendas por su comportamiento, debes guiarte por una serie de valores como el respeto, la disciplina, el amor o la generosidad. Sin una base clara de valores, el liderazgo se vuelve caótico y reactivo. En este sentido, es básico adquirir un compromiso real con tales valores; tu vida debe regirse por ellos. Si tu lema es: «Haz lo que digo, no lo que hago», no tardarás ni un segundo en dinamitar toda tu credibilidad.

No hay forma de volver atrás en la búsqueda de la libertad individual ni debería haberla. Ya no podemos volver a como eran las cosas hace veinte años. Pero esta búsqueda no significa que los jóvenes tengan que dejar de respetar a la autoridad ni que las personas más mayores dejen de ejercerla. El futuro de la sociedad depende de que cada cual desarrolle, de manera consciente, su propia autoridad interna. Los días en que la autoridad era solo cosa de unos pocos elegidos han terminado. (Basta con fijarse, por ejemplo, en lo mucho que ha cambiado la relación entre médico y paciente desde que circula tantísima información médica en Internet). Solo cuando todos hayamos desarrollado nuestra propia autoridad interna, podremos vivir en una verdadera comunidad de iguales. Y, en una comunidad así, nos resultará imposible cumplir con nuestro deber para con los demás *sin* habernos convertido antes nosotros mismos en una figura de autoridad. Cada individuo marcará la diferencia en ese futuro que todos tenemos la responsabilidad de construir. Pero el trabajo solo puede empezar por uno mismo.

Nuestro recurso natural más desperdiciado: las palabras de sabiduría

UNA VEZ TRATÉ A UN HOMBRE de unos treinta años que se había metido en un buen lío. Su bufete de abogados estaba llevando la adquisición de una empresa de electrónica por parte de un competidor mucho mayor. Cuando el trato aún era confidencial, se lo contó a un amigo periodista. A pesar de que no había habido ninguna operación ilícita, su empresa se enteró de que había filtrado información confidencial y le pidió su dimisión. En caso de negarse, lo amenazaron con abrir una investigación formal ante la Comisión de Bolsa y Valores. A mi paciente le aguardaba un futuro prometedor en aquella empresa. Con sus enormes puros y sus elegantes trajes, era casi la viva caricatura de la visión juvenil del poder. Ahora se enfrentaba a una elección cuando menos endemoniada. Dimitir implicaría perder aquel estatus al que se había vuelto adicto. Por el contrario, si intentaba plantar cara en los tribunales, podía acabar condenado por un delito grave.

Aquel hombre se había criado con un padre tan brillante y elocuente como él, un hombre de negocios que también había triunfado siendo muy joven. Obstinado como era, el padre quiso expandirse en exceso haciendo caso omiso de algunos sabios consejos, lo que le costó la quiebra de su empresa y un montón de deudas. Después de aquello, abandonó a su esposa e hijo, se mudó a Florida y empezó a llevar una vida muy austera trabajando como vigilante nocturno. Su hijo lo odiaba por haberse marchado, pero, sobre todo, por haber fracasado.

Ante aquella disyuntiva, mi paciente cayó en una depresión que lo paralizó por completo. Tenía la suficiente lucidez como para ver el paralelismo entre su vida y la de su padre, así que le sugerí que lo hablara con su padre, pese a llevar años sin hablar con él. Fue así como, tras una llamada, puso rumbo a Florida para encontrarse con su padre, que a sus setenta años estaba viviendo en una habitación. El hombre que antaño se comía la vida a bocados ahora era humilde y silencioso como una hormiguita. Su hijo era incapaz de reconocerlo. Sin embargo, lo que más le sorprendió fue que su padre enseguida comprendió su situación y, gracias a su gran elocuencia, tardó menos y nada en convencerlo de que lo mejor era dimitir. El paso del tiempo confirmó lo sabia que había sido aquella decisión. El hijo se ahorró los antecedentes penales y evitó que lo inhabilitaran; además, cuando volvió a tener éxito, no tuvo que cargar con esa lacra.

Este es solo un caso de miles, aunque, por lo general, sucede lo contrario. En nuestra vida adulta, rara vez consultamos a nuestros padres. De hecho, rara vez consultamos a alguien a quien consideramos *de edad avanzada* en busca de consejo, lo que implica desperdiciar un recurso natural de valor incalculable. Sería el equivalente a contemplar cómo tu negocio se va a pique porque te niegas a retirar fondos de tu cuenta bancaria. Con esto no pretendo decir que todos los padres puedan ayudar a sus hijos adultos ni que tus padres sepan más que tú. Pero dar por sentado que toda la experiencia que han acumulado a lo largo de su vida no vale absolutamente nada es del todo absurdo. Y, lo que es peor aún, nos destruye en un sentido espiritual.

- La brecha intergeneracional siempre se amplía. En nuestra cultura, cada generación libra una intensa batalla por liberarse de sus antepasados. De adolescente, necesitas sentir que tus padres no saben nada de nada. Desafiar a aquellas personas de las que dependes es lo que te permite tener el primer atisbo de individualidad. Tu ego quiere sentir que puede moldear su propio destino y que *sabe* lo suficiente como para tener éxito en la vida por sus propios medios, sin depender de ningún poder superior. Convertirse en persona adulta es un proceso que consiste en destruir esa clase de actitud a medida que vas encontrándote con fuerzas que sobrepasan tu propia voluntad. La función espiritual de la sociedad es brindar sabiduría y apoyo cuando el ego individual fracasa. En esos momentos, las personas mayores desempeñan un papel especial, y aceptar su sabiduría es justo lo que los mantiene conectados con nosotros. Una sociedad que rechaza a la gente mayor es una sociedad que se decapita a sí misma.
- Ignorar a las personas mayores implica menospreciar todo el recorrido de una vida humana. En el mundo antiguo, no había nada más preciado como la sabiduría recabada a lo largo de una dilatada vida. De hecho, se consideraba imposible contar con semejante sabiduría sin haber pasado por la profundidad de esa experiencia. Esto era lo que se conocía como *sabiduría viva*. Hoy en día, veneramos el saber intelectual, que es abstracto y puede dominarse a casi cualquier edad. En Estados Unidos, gran parte de los activos son administrados por la gente joven que dirige fondos de inversión y

que, pese a contar con una excelente formación técnica, no han tenido que enfrentarse a ninguna —o casi ninguna— crisis financiera prolongada. Desde luego, será interesante ver su reacción cuando llegue una inevitable crisis. Sin embargo, lo más dañino de todo es que anhelamos escuchar las opiniones de deportistas y celebridades de veinticuatro años porque hemos asimilado la fama a la verdadera sabiduría, una falta de responsabilidad que es realmente espeluznante. La vida humana tiene una forma y un ritmo naturales, lo cual no significa que todas las vidas deban ser iguales. No obstante, en términos generales, todos pasamos por las mismas fases. A cada paso de tu vida, estás creando algo. Esta es una verdad que los antiguos eran capaces de percibir: sentían que, en el transcurso de una larga vida, Dios nos moldea del mismo modo que moldea un árbol. Para ellos, las personas ancianas eran una obra más acabada y, por ende, más valiosa. Esta es una visión que hemos dejado atrás. Sometemos a las personas mayores a un modelo perverso: en cuanto alguien alcanza la verdadera sabiduría, le arrebatamos su voz.

- Este rechazo a nuestros mayores no hace más que generar miedo y desprecio por sí mismos en los jóvenes. Y es que, de algún modo, nos percatamos de que, tarde o temprano, llegaremos a viejos. También es algo sabido que, en esta sociedad, la vejez es motivo de vergüenza. Cuando tienes esta visión de la vida, cada día que pasa deja de ser una bendición para convertirse en un fracaso. Esto nos lleva a pensar que debemos experimentar la sensación de logro en el ahora, y no a lo largo de nuestras vidas. Nuestra mala costumbre de sumirnos en la hiperactividad, la competitividad y la envidia no viene sino a agravar la situación. Todo ello hace que las personas empiecen a odiarse por envejecer cuando se aproximan a los cincuenta años. Cuando no confiamos en estar viviendo la vida que Dios ha querido para nosotros de principio a fin, no hay fortuna ni fama capaz de apaciguarnos.

El papel especial que desempeñan las personas mayores en la sociedad va mucho más allá de su experiencia vital; en verdad, viven en un espacio diferente al resto de personas. Con sus impulsos y deseos, nuestro cuerpo físico es, en cierto modo, un obstáculo para la experiencia espiritual. Esto es algo que puede observarse con mucha claridad en los veinteañeros, que llegan prácticamente a obsesionarse con la experiencia física. A esa edad, tenemos un vínculo muy estrecho con el mundo material, y así debe ser. La gente anciana se encuentra en el extremo opuesto, incluso cuando no existe ninguna dolencia física. En otras palabras, siguen estando aquí, pero sin el grado de apego que tiene la gente joven. Al igual que los niños pequeños, están más cerca de Dios; solo que, a diferencia de estos, tienen la capacidad y la experiencia suficientes para transmitirnos su sabiduría. Son capaces de contemplar las cosas desde un punto de vista más elevado, sin que el egoísmo y el miedo les nuble el juicio; de ahí que los antiguos los veneraran.

En realidad, no cuesta mucho que las personas mayores se abran, y es un error suponer que, como quizás no tengan demasiado que aportar, no pueden aportar nada en absoluto. Sin embargo, debido a las actitudes de la sociedad, rara vez se sienten con derecho a expresar sus pensamientos sobre la vida de sus hijos adultos, por lo que es necesario *preguntarles directamente*. Su situación emocional es más frágil de lo que la gente más joven quiere admitir, y ni siquiera el dinero puede evitar que se sientan cada vez más insignificantes. Cuando estamos en edad de crecer, nos da la impresión de que los padres son todopoderosos. Sin embargo, en cuanto nos hacemos adultos, tendemos a olvidar que esos mismos padres pasan a sentirse impotentes; de hecho, suelen tener pánico a hacer algo que pueda apartarles de sus hijos. No importa lo fuertes —o incluso abusivos— que fueran hace treinta años; de mayores nos necesitan y les corresponde a los hijos tomar la iniciativa de entablar un diálogo con ellos. Es poco habitual que los padres no se muestren dispuestos a abrirse en la medida de sus posibilidades. Así pues, debe ser la persona de menor edad quien dé el primer paso en el proceso de abrir una línea de comunicación con sus padres o con cualquier otra persona mayor. Cuando haces algo así, tu esfuerzo no solo se ve recompensado con la sabiduría acumulada de una larga vida, sino que además estás desarrollando en ti un poder espiritual que te permitirá lo siguiente:

Sanar a tu propia familia. Si haces un esfuerzo por entablar un diálogo con tus padres, comprobarás lo mucho que cambian las dinámicas de poder entre vosotros, y lo vulnerables que se sienten ellos frente a sus hijos adultos. Además, te brindarán algo que te resultará muy valioso en tu presente: te costará menos perdonar a tus padres por los errores cometidos en el pasado.

Contribuir a la armonía intergeneracional. Cada esfuerzo que hagas por acercarte a alguien de edad avanzada contribuye a sanar la brecha que empobrece a nuestra sociedad en su conjunto. Los jóvenes y mayores siempre han estado destinados a convivir.

Crear un nuevo sistema de valores para tu propia vida. Ver a tus padres envejecer te permite verte a ti mismo en el futuro. Así pues, el trato que tienes con ellos revela lo que sientes en relación con tu propio futuro, y te aseguro que el tiempo pasa por todos. Valorar la sabiduría de tus padres te enseña a contemplar el paso del tiempo como la expresión natural de un universo vivo, y no como algo que temer o negar.

Solo entonces te sentirás en paz contigo mismo.

Lo que todo niño necesita

TODO EL MUNDO QUIERE lo mejor para sus hijos. Pero ¿cuál es el mejor modo de lograr algo así? No hay interrogante que genere más estrés entre los padres. El mundo de hoy en día se asemeja a un tren de alta velocidad cargado de empleos de prestigio, aceptación social, fama y riqueza. Pero ¿qué pasa si tus hijos pierden ese tren?

El pánico empieza a cundir muy pronto. Los padres, desesperados, quieren que sus hijos entren en determinadas guarderías y escuelas para que luego puedan ir a las mejores universidades; todo ello con tal de garantizar que terminen perteneciendo a alguna clase privilegiada. Entonces es cuando, pese a todos tus esfuerzos, tu voz adquiere un tono nervioso y suplicante en la entrevista de la guardería que determinará el destino de tu pequeña de dos años. Una voz en tu interior te dice que este mundo se ha vuelto loco, mientras te planteas: «¿En serio algo como no entrar en la guardería indicada va a arruinarle la vida a mi hija?».

El miedo nace de la ilusión de que hay algo *ahí afuera* que le garantizará a tu hija un buen futuro, y de que ese *algo* —ya sean las amistades indicadas, el colegio indicado o cualquier otra cosa— le permitirá tener una buena autoestima, ganarse el respeto de los demás y estar a salvo de los imprevistos de la vida que tú no fuiste capaz de evitar. La ilusión adquiere entonces un tinte mágico que lleva a todo el mundo a competir con uñas y dientes. En resumidas cuentas, lo que estás haciendo es poner el máximo valor *ahí afuera* como consecuencia, pasas a vivir en un mundo gobernado por el miedo que dista mucho de ser el lugar ideal para criar a un niño.

Cuando te crees semejante ilusión, dejas una profunda huella en la vida de tu hija, ya gane o pierda. Le digas lo que le digas, el mensaje que le estarás transmitiendo es el siguiente:

- Aceptas los valores y soluciones del rebaño sin cuestionarte nada en absoluto y no confías en tus propios instintos.
- Lo importante no es tu forma de vivir, sino lo lejos que llegues en la vida. Has colocado tu fe en el estatus.
- Hay algo *ahí afuera*, algo ajeno a la familia, que es más importante que la propia familia, restándole valor a esta.

Esto último es lo más pernicioso de todo. En cuanto menoscabas el valor de la familia, tu hijo se pierde algo de valor incalculable que no puede conseguir en ninguna otra parte. A veces saltan a la vista los devastadores efectos de dejar que los cimientos familiares se tambaleen, aunque otras veces no son tan evidentes; todo depende de la fachada que cada familia quiera mostrar a su entorno. (Llegados aquí, me gustaría aclarar que, con el término *familia*, me refiero también a los padres o madres solteros y a cualquier otra combinación de adultos a cargo de la crianza de sus hijos).

Así pues, ¿cómo podemos desarrollar la fuerza y la confianza necesarias para anteponer nuestra familia y saber que lo que le estamos enseñando a nuestros hijos reviste un valor fundamental e irremplazable? Las figuras parentales deben encontrar la forma de dejar claro que lo primordial es lo que pase en el seno familiar, y no las amistades que tengan sus hijos ni la escuela a la que vayan. Ahora bien, cabe entender que esta no es una tarea puramente conceptual: es necesario construir la familia como si fuese una entidad viva, como algo que tus hijos puedan experimentar todos los días de su vida. Solo entonces es posible construir unos cimientos tan sólidos que no se tambaleen pase lo que pase en el exterior. Esto es lo que tus hijos necesitan de ti, y lo que te permitirá sentirte satisfecho contigo mismo como figura parental.

Para construir algo tan sólido, necesitas una filosofía coherente que encarne tus valores familiares. Solo los valores profundamente arraigados que se ponen en práctica a diario pueden hacer que algo cobre vida. Hay tres elementos indispensables para que una familia sea sólida: amor, espiritualidad y disciplina. Estos valores convierten a la familia en un entorno seguro —que es lo opuesto al mundo gobernado por el miedo—, pues son internos, universales y no están sujetos a escasez o competencia. En definitiva, hacen que la familia cobre vida como fuente de sentido y transforman el hogar en un lugar más tranquilo y feliz, lo que supone una ayuda de valor incalculable para cualquier niño. Tu labor como figura parental consiste en lograr que cada día tenga sentido para tus hijos; de ahí que la crianza de los hijos sea el trabajo más difícil del mundo.

El amor

El amor existe solo en la medida en que se expresa. Cuanto más se expresa, más crece. Esto es algo que cabe enseñar a los niños a través del ejemplo. Deben aprender que es su responsabilidad ser afectuosos, en especial con sus hermanos. Para ello, necesitan ver que sus padres se quieren mutuamente todos los días. Ante todo, necesitan ver que los adultos son capaces de dar muestras de afecto en los momentos de máximo estrés, durante un conflicto o cuando tienen un montón de tareas fatigosas que hacer. Deben aprender que el amor requiere trabajo, y que esa es su labor. Si concibes el amor como una sustancia, no hay mayor responsabilidad familiar que generarla a raudales. Dar muestras de afecto se convierte entonces en un deber colectivo de toda la familia.

La espiritualidad

Tus hijos necesitan ver que te relacionas con algún poder superior. De este modo, no solo te verán más fuerte, sino también una persona más humana y accesible. Para los niños, la espiritualidad no es una cuestión puramente teórica, pues de forma natural están más conectados con Dios que los adultos. Sin embargo, si no se les anima a mantener dicha conexión, acaban enterrándola. Para ello, no es necesario practicar ningún culto religioso; lo único que se requiere es autenticidad. Todo esfuerzo que hagas por crear tu propia conexión espiritual con Dios propiciará el ambiente oportuno para que tus hijos puedan hacer lo mismo. Esto es algo que debe hacerse a diario como parte de las rutinas cotidianas, como a la hora de comer o de irse a dormir. La espiritualidad en el seno familiar permite a los niños experimentar asombro y armonía, dos dones de valor incalculable.

La disciplina

La disciplina es el hilo que, a cada puntada, convierte a la familia en algo predecible para los niños. Nada puede subsistir sin coherencia, y mucho menos la familia. Algo que cabe enseñar a los niños es a respetar el tiempo. Esto significa que las rutinas importantes del día —como la hora del baño, de irse a dormir o las comidas— deben hacerse a su debido tiempo, preferiblemente a la misma hora todos los días, y no cuando a los niños les venga en gana. Como figura parental, te resultará imposible instaurar este hábito en tu familia si no te comprometes a llevar un orden en tu propia vida. Es necesario enseñar a los niños que el hecho de poder controlar nuestros impulsos es motivo de satisfacción. Cuando tus hijos quieren un segundo dónut y no se lo concedes, sentirán la carencia, pero son precisamente esas experiencias momentáneas de privación las que los convertirán en ganadores. En esos momentos de conquista del mundo exterior, su alma interior se iluminará. En cambio, cuando dejamos que los niños lo tengan todo, acaban con nada.

Estas fuerzas dinámicas son las que dan frutos tangibles, pero depende de ti ponerlas en movimiento. No basta con creer en ellas sobre el papel ni con un mero compromiso de palabra; debes encarnarlas. Como figura parental, nada de lo que hagas es inocuo.

Estos valores crean una fuente de fuerza interior que le permitirá a tus hijos abrirse paso a través del rechazo y la adversidad. Les infundirán el coraje de expresarse tal y como son, y la fuerza necesaria para formarse sus propias opiniones. Sin estos valores, el viaje de la vida se convertirá en un viaje de desdicha, por mucho que tus hijos salgan *victoriosos*. Además, te ayudarán a no querer que tus hijos avancen con demasiada rapidez. Como sociedad, a menudo tendemos a poner el desarrollo intelectual por encima de todo (la lectura temprana es un buen ejemplo de ello). Antes de la escuela primaria, los niños necesitan vivir en su propio mundo, en un mundo de fantasía. El logro no debería ser lo primordial durante este período; se trata de un momento en el que los niños obtienen una fuerza inmensa de ese otro mundo de fantasía, una fuerza que será tangible más adelante en sus vidas.

Hay otra cosa que tus hijos necesitan de ti: que sigas desarrollándote como persona. Para crear una familia que esté realmente viva, parte de la labor consiste en sentirse vivo uno mismo.

Todo cuanto está vivo crece.

Absolutamente todo.

En cuanto sientes que ya no queda nada por aprender ni desafíos personales importantes que superar, una parte de ti muere. Y esa parte de ti que está muerta pasará a ser una carga para tus hijos, que se alejarán de ti o tratarán de compensar tu falta de esfuerzo a través de su propio éxito. En cualquiera de los casos, estarán abocados al desastre. Cuando sigues moviéndote como persona, haces brillar una luz en ti. Tu propio movimiento es el que ilumina el mundo para los niños.

En ese momento, ofreces a tus hijos el mejor de los regalos: aquello que eres.

Lo que los adolescentes necesitan

S IN LUGAR A DUDAS, Estados Unidos ha vivido una era impactante en las escuelas del país. Cada dos por tres, aparecían en la prensa noticias sobre adolescentes que llegaban a clase armados y empezaban a asesinar a profesores y alumnos. No hay explicaciones simples para un fenómeno así. Por supuesto, la salud mental, la facilidad de acceso a las armas y todas las formas de violencia que aparecen en los medios de comunicación son factores que contribuyen a ello, aunque por sí solos no explican las razones que llevan a algunos chavales en particular a cometer semejantes atrocidades. Hace años, vi la entrevista que un periodista realizó a varios chicos que habían llevado armas a la escuela. Quería tratar de entender cómo era posible que sintiesen un desprecio tan absoluto por las vidas ajenas. Aquellos adolescentes parecían tremendamente disociados de sus actos y afirmaban cosas como: «Estaba ahí sin estar ahí», «Supongo que fue un acto reflejo» o «Me molaba la idea de matar». Lo que describían era una especie de fuerza oscura que se había apoderado por completo de ellos, destruyendo cualquier resquicio de moralidad y autocontrol que normalmente asociaríamos a un ser humano.

En los adolescentes, esa fuerza oscura ejerce una atracción muy potente. Este es un componente de la psique que todos tenemos: un demonio interior que quiere que seamos especiales e inmunes a las reglas, y no parte de un universo holístico. Esta es la Parte X a la que ya me referí con anterioridad. En los adolescentes, esta parte se expresa en su atracción por un contramundo que desafía a los adultos y, más concretamente, a sus propias familias. Muestra de ello es su tendencia a consumir drogas o su constante mal humor. Quienes tienen hijos adolescentes pueden percibir, de manera tangible, esa fuerza que emana de ellos como una misteriosa nube negra contra la que no se puede hacer nada. Sin embargo, es posible llegar a comprender esa fuerza y convertirte en una contrafuerza que te permita ayudar de verdad a tus hijos.

Los adolescentes anhelan la libertad por encima de todo: quieren alejarse de sus padres y experimentar su propia individualidad. En este sentido, la verdadera libertad solo se adquiere a través de un largo proceso que requiere coraje y disciplina. Sin embargo, los adolescentes —que básicamente siguen siendo niños— se confunden y toman como real una falsa forma de libertad que se les antoja mucho más poderosa, al menos a corto plazo. Esta es la genialidad de la Parte X: se sirve de la gratificación física inmediata para ir ganando terreno. En definitiva, lo que nos dice es: «Si puedo brindarte una experiencia física tan intensa —ya sea a través de las drogas, el sexo, la rabia o algún otro medio—, entonces el resto de lo que te digo debe ser verdad».

Sin embargo, el resto de lo que nos da a entender la Parte X no es más que una mentira. Nos dice que la auténtica libertad es la capacidad de evitar la realidad, cuando en verdad es justo lo contrario. La auténtica libertad se desarrolla cuando nos sometemos a los tres aspectos ineludibles de la realidad: el dolor, la incertidumbre y el esfuerzo. La Parte X tienta a los adolescentes con la idea de que no es *justo* tener que soportar todo ese malestar y de que tienen *derecho* a evitar los aspectos desagradables de la realidad. La gratificación impulsiva es solo el anzuelo.

En cuanto los padres comprenden semejante fuerza, son capaces de ver que el variado repertorio de conductas de sus hijos se reduce a lo mismo. En muchos casos, el comportamiento de los adolescentes no tiene nada que ver con la educación que han recibido, sino que es un efecto independiente e inevitable de su deseo de dejar atrás la etapa infantil. Sin embargo, eso no quiere decir que se les deba permitir hacer lo que les venga en gana. Cuando los adolescentes montan un numerito y se les deja participar en actividades propias de la vida adulta, se activan ciertas fuerzas de su personalidad a una edad demasiado temprana, lo que les impide desarrollarse por completo más adelante. Durante la adolescencia, es necesario contener tales fuerzas para que luego puedan convertirse en adultos fuertes.

Pero ¿por qué habría que pararles los pies? Las charlas morales rara vez calan en los chavales. Deben comprender que el hecho de comedirse y ser parte de una estructura los hará más fuertes y poderosos en el futuro. En el pasado, la iglesia, la escuela y la comunidad ejercían una fuerte influencia en el comportamiento de la gente. Había un marco externo que imponía restricciones morales aplicables a todo el mundo. Nuestra sociedad actual ha fracasado en la medida en la que ya no proporciona ninguna razón creíble para que los chavales se autocontrolen. Tanto es así que nadie parece controlarse a sí mismo. La constante búsqueda de individualidad y libertad en nuestra sociedad ha despojado a las instituciones de su autoridad. Nadie quiere aceptar un conjunto arbitrario de reglas y, en verdad, puede ser algo positivo si eso nos lleva a construir un modelo interno de autocontrol en el que cada cual se hace responsable de sí mismo. De hecho, este es el verdadero significado de la libertad. Sin embargo, a diferencia del conjunto de normas morales arbitrarias, no es algo que el exterior —ni siquiera un progenitor— pueda imponer. Lo único que los padres pueden hacer es desarrollar una fuerza interna en sí mismos que ofrezca una alternativa a esa falsa y limitada forma de libertad. Puede que esa forma superior de libertad no tenga ningún poder coercitivo sobre tus hijos, pero tendrá una profundidad y persistencia que estos podrán percibir y que seguirá influenciándoles con el paso del tiempo. Semejante fuerza no puede fingirse; exige un verdadero cambio interior por parte del adulto. Lo peor que puede hacer un progenitor es llevar una vida apagada carente de espiritualidad y propósito, y limitarse a aparecer en escena de vez en cuando para gritarle a su hijo adolescente. La falta de honestidad que demuestra semejante manera de actuar solo hará que el adolescente se empeñe aún más en desafiarte. El noventa por ciento de la comunicación con los hijos es no verbal; ellos pueden percibir perfectamente si posees esa fuerza superior.

Tanto si estás asumiendo la crianza en pareja o en solitario, es posible crear dinámicas que hagan la estructura familiar más real y creíble para un adolescente. El reto está en convertir la familia en algo vivo que se rija por un conjunto de valores. El adolescente seguirá rebelándose contra tales normas, pero en su cabeza irá asimilándolas y tomando conciencia del poder de la familia. Cualquier cambio en ti, por mínimo que sea, cambiará sutilmente tu forma de interactuar con tus hijos adolescentes. En cierto modo, los adultos han perdido la fuerza de voluntad y la confianza para hacer valer su propio sistema de valores frente a los adolescentes. Tienes una ingente sabiduría superior que transmitirles a tus hijos adolescentes, y el mejor modo de hacerlo es encarnándola.

Los siguientes tres elementos permiten desarrollar una forma superior de libertad:

La renuncia

Pedirle a un chaval que renuncie a los placeres dañinos cuando tú eres incapaz de ello es del todo inútil y no hace más que engendrar odio. Elige un mal hábito y ponte a trabajar en él de inmediato. No tienes que hacerlo todo perfecto a la primera de cambio; el esfuerzo es lo que cuenta. Si reduces tu consumo de tabaco de dos paquetes a cinco cigarrillos al día, sentirás en ti una nueva fuerza cada vez que hables con tus hijos. Renunciar a determinados placeres no es un acto moral ni debe ser considerado una forma de autocastigo o ascetismo; es la forma de ejercitar la libertad. En este caso, te estás liberando de tu propia Parte X con sus deseos compulsivos. Los adolescentes piensan que la libertad significa sumergirse aún más en el mundo material y su gratificación inmediata. En este sentido, recuerda que la verdadera libertad implica dejar atrás semejante mundo.

La disciplina

En el capítulo anterior ya mencioné el papel de la disciplina en la crianza de los niños pequeños; pero, para profundizar un poco más en este tema, debes vivir de acuerdo con una estructura invisible dotada de regularidad. En otras palabras, las actividades relativas al sueño, las comidas, el ejercicio físico y la oración deben estar sujetas a un horario. Esto confiere un ritmo a tu vida que es muy poderoso. Los adolescentes tienden a pensar que lo que caracteriza la libertad es el derecho a hacer lo que quieras cuando quieras, cuando lo cierto es que eso solo te hace esclavo de tus impulsos. Esto es algo que quienes se dedican al arte aceptan con mayor facilidad, ya que, sin disciplina, no tendrían el poder de expresarse a través de su creatividad. Cuando vives conforme a una estructura invisible, haces que intervengan fuerzas superiores en lo que quiera que estés tratando de lograr. Esas fuerzas son las que te dan la auténtica libertad.

El avance

El universo está vivo y en constante movimiento. Para seguir en contacto con esa fuerza vital, debes continuar expandiéndote y avanzando en tu propia vida. Hay tantas maneras de hacerlo como personas existen en el mundo, y puede comprender cosas como participar en un proyecto creativo, brindar servicios a la comunidad, hacer un cambio profesional o emprender un viaje de desarrollo espiritual. Avanzar en la vida es una responsabilidad de por vida que nos concierne a todos. Si no le sigues el ritmo al mundo, una parte de ti muere. Recuerda que la Parte X ofrece constantemente a los adolescentes su propia versión de lo que es sentirse vivo, y lo hace de una manera muy convincente y sugestiva. Los padres que están muertos en vida no tienen la credibilidad necesaria para desmentir algo así.

Durante la adolescencia, los hijos no paran de poner en tela de juicio la autoridad, sabiduría y bondad de los padres. Y cabe decir que hay algunos adolescentes con los que es del todo imposible conectar. Ninguna de las soluciones anteriores es mágica. Por normal general, cuanto más tiempo te adhieras a este modelo, más fuerza cobrará. Seguir trabajándose en el plano personal en los períodos de crisis con los hijos requiere cierta fe. Por mucho que los echemos de menos, los tiempos en que se respetaba a la autoridad por su mera posición jerárquica se fueron para no volver. El desafío radica ahora en revitalizar la familia y la comunidad a través de un verdadero poder superior.

Solo eso despertará un respeto real en los más jóvenes.

Aprender haciendo

A PRINCIPIOS DE LOS OCHENTA vi cómo algo muy especial cobraba vida: The Wellness Community. Esta organización única en su clase ofrecía, de forma totalmente gratuita, apoyo psicológico y espiritual a las personas con enfermedades potencialmente mortales. Como la mayoría de los grandes logros, todo comenzó con un puñado de personas reunidas en una sala para compartir ideas. El grupo estaba compuesto por el promotor de la iniciativa, Harold Benjamin, y cinco terapeutas con experiencia en el tratamiento de supervivientes de cáncer. Harold rondaba los cincuenta años, y le había ido tan bien en su carrera como abogado inmobiliario que se había retirado para dedicarse a hacer buenas obras. Fue así como reunió a varios terapeutas —entre los que yo me incluía— para que lo asesoraran sobre el modo de crear aquella comunidad. Harold siempre estaba muy tenso, a veces tenía unas formas algo toscas, y carecía de formación académica en el ámbito de la psicología. Amparados por nuestros títulos, no nos costó mucho mirarlo con condescendencia y explicarle lo difícil que iba a ser materializar semejante visión.

A las pocas semanas, quedó claro que era Harold el que debía asesorarnos a nosotros. En cada reunión, surgían una o dos buenas ideas, que luego los profesionales del sector nos dedicábamos a criticar hasta que no quedaba nada de ellas. La parálisis se apoderaba entonces de la sala, y a Harold no le quedaba más remedio que sacarnos de nuestra pasividad poniendo en práctica alguna de las ideas en ese preciso instante y lugar. Simplemente descolgaba el teléfono y hacía una llamada. Como me había formado en un entorno médico rígido, esta forma de actuar fue una auténtica revelación para mí. Cada vez que levantaba el teléfono, podía sentir cómo la sala se tensaba y cómo cada uno de los allí presentes pensábamos para nuestros adentros: «No puedes hacer algo así». Pero entonces lo hacía. Al término de cada reunión, había conseguido reclutar a un nuevo orador o consejero, o incluir un nuevo programa en el cronograma. Poco a poco, The Wellness Community fue tomando forma.

Pude presenciar de primera mano la serie de actuaciones que llevaron a su creación. Los terapeutas jamás podríamos haber logrado algo así por nuestra cuenta, ya que necesitábamos sentir que cada paso era el *adecuado*: necesitábamos estar seguros antes de pasar a la acción. Sin embargo, no es posible engendrar nada nuevo en un estado de completa certeza. Para crear, es necesario adentrarse en lo desconocido. Harold tenía la capacidad de actuar antes de saber si estaba haciendo lo correcto. Las personas dinámicas tienen esta cualidad: tienen fe en la acción, y la tienen porque sienten que la información que necesitan no proviene del pensamiento, sino de la propia acción. Esto es lo que yo denomino *inteligencia de la fuerza de voluntad*. En otras palabras, tu fuerza de voluntad no es solo una energía que te permite hacer cosas, sino que es también una fuerza perceptiva que casi podría equipararse a un órgano sensorial.

En la sociedad en la que vivimos, esto es algo difícil de concebir, pues la inteligencia se considera un proceso de pensamiento inerte que tiene lugar dentro de nuestra cabeza. Sin embargo, esa es solo la forma inferior de inteligencia: el conocimiento. La inteligencia superior es lo que conocemos como sabiduría, y no se encuentra dentro de tu cabeza, sino que se extiende por el mundo que te rodea. La voluntad de pasar a la acción es lo que te conecta con ese mundo de sabiduría.

Los antiguos concebían el universo como un organismo vivo tejido de principio a fin con la inteligencia de los dioses. Ahora creemos tener un mayor conocimiento. *Sabemos* que el universo es un conjunto aleatorio de objetos, algunos de los cuales cobraron vida a través de un accidente bioquímico. Sin embargo, el precio que nos vemos obligados a pagar por semejante arrogancia es una parálisis aterradora frente a lo desconocido.

Si la sabiduría se encuentra en el mundo exterior, entonces la única forma de obtenerla es pasando a la acción. La fuerza de voluntad es más inteligente que los procesos de pensamiento. Supongamos que estamos planeando abrir una tienda de dónuts. Podríamos pasarnos cientos de horas elucubrando sobre el porcentaje de dónuts que deberían ser de chocolate y de crema. Pero, si abriésemos la tienda, conoceríamos las cantidades que deberíamos hacer a diario de cada sabor con mucha mayor precisión que si nos pasásemos un año dándole vueltas al tema. El propio mundo de los adeptos al dulce nos dará la información que necesitamos.

Actuar ante un panorama incierto a la mayoría nos genera un miedo primario, el cual podemos superar si aprendemos a ver la acción bajo un nuevo prisma. He aquí tres principios que te ayudarán a pasar a la acción:

La rapidez

Una vez que hayas decidido hacer algo, es mejor pasar a la acción cuanto antes. Si actúas enseguida y fracasas, tu confianza saldrá más reforzada que si dejas esa tarea para mucho más tarde, incluso aunque acabes teniendo éxito.

La densidad

Las personas dinámicas realizan más acciones en una mañana que la mayoría de las personas en un mes. El objetivo es realizar muchas más acciones en un período concreto de tiempo de las que harías normalmente. Comienza de a poco —puedes incluso limitarte a solo dos acciones al día—, y ve aumentando el número a partir de ahí.

La revisión vespertina

Antes de acostarte, dedica diez minutos a revisar, por escrito, lo que has hecho a lo largo del día y lo que tienes intención de hacer al día siguiente. Todo lo que ponemos por escrito tiene más peso, y es menos probable que te mientas a ti mismo sobre lo mucho que has hecho.

Si practicas esta nueva filosofía de acción, comenzarás a sentir el valor de todo aquello que hagas. Empieza dando pequeños pasos hasta que esta filosofía se convierta en tu forma de funcionar habitual. Si la respetas a rajatabla, sentirás un flujo de sabiduría que te conducirá, en términos muy prácticos, a tu siguiente paso. El hecho de aprender por igual tanto de los fracasos como de los éxitos te enseñará que el resultado de cualquier esfuerzo que hagas carece de importancia; lo único que importa es que continúes el proceso.

Esta filosofía de acción resuelve el problema fundamental de motivación que tienen ciertas personas tendentes a la parálisis y con una fuerza vital baja. Esto se debe a que la inteligencia de la fuerza de voluntad asocia la sabiduría con la acción, que está viva —y no con el pensamiento, que está muerto—. Algunas personas llegan arrastrándose a mi oficina, quejándose de que estarían más motivadas si supieran lo que tienes que hacer, mientras esperan, de brazos cruzados, a que algo les oriente como por arte de magia. El problema no está solo en que algo así jamás vaya a suceder, sino en que dicha actitud revela lo malentendida que está la motivación. En estos casos, mi sugerencia es siempre la misma: pasar a la acción de inmediato, sin importar lo inseguras que se sientan en relación con su camino actual. Ejercitar la fuerza de voluntad aumenta su fuerza vital, que es precisamente lo que permite a alguien descubrir el nuevo rumbo que debería seguir —y no la capacidad de razonamiento—. La idea de concebir la fuerza vital como una fuerza perceptiva con inteligencia propia nos resulta de otro mundo. Pero ¿alguna vez has visto a alguien que desprenda vitalidad a raudales y carezca de rumbo?

Por otro lado, también comenzarás a ver los objetivos bajo una nueva luz. Su cometido no es otro que el de alentarte a pasar a la acción, pues es lo que te permitirá obtener la información que necesitas. No existe semejante cosa como un objetivo correcto o racional. Empieza por objetivos que estén a tu alcance en el presente. Todos los objetivos son temporales. En cuanto tomes la determinación de pasar a la acción, tu fuerza vital aumentará y traerá consigo la inteligencia para dar forma a tu próximo objetivo.

La inteligencia de la fuerza de voluntad conduce a una visión espiritual de la acción. Tanto si estamos en contacto con ella como si no, cada uno de nosotros alberga dentro de sí una parte que desea avanzar y crear sin cesar: es nuestra parte

inmortal, nuestro yo superior, que está conectado a una vida
superior que nos llena de sabiduría y nos vuelve indiferentes
al fracaso temporal. El objetivo de la espiritualidad moderna
consiste en traer al mundo al yo superior; o, mejor dicho, en
dejar que se exprese. Pasar a la acción para adquirir sabiduría
es, en verdad, una forma de activar y experimentar tu yo superior. Esto significa que el viaje vital de cada uno de nosotros
es importante. Cada paso cuenta.

Bienvenido al club:
todos tenemos inseguridades

AUNQUE EN LAS PÁGINAS ANTERIORES ya mencioné de pasada esta historia, me gustaría ahora entrar un poco más en detalle. Una vez vi a una madre tirar de los hilos, pedir favores y rogar literalmente por tener el privilegio de pagar decenas de miles de dólares para llevar a su hijo a un determinado jardín de infancia. Aquella mujer era paciente mía, y solía ser una persona pasiva e insegura. Ahora bien, cuando llegó el momento de meter a su hijo en un exclusivo colegio privado, no había forma de detenerla. Procedía de una familia que ella misma calificaba, sin ningún tipo de miramiento, de paletos que no tenían donde caerse muertos. Gracias a su belleza física, pudo salir del parque de caravanas donde vivía y ganarse la vida en la ciudad como modelo. Se casó con un tipo que la amaba, pero que nunca llegó a ser el hombre de éxito que ella esperaba. Había una idea que no dejaba de torturarla: el hecho de no haber conseguido alcanzar un determinado estatus social, en el que la seguridad estaba completamente garantizada. Y, tras renunciar a la esperanza de llegar ella misma a esa posición, proyectó toda esa ambición en su hijo. Aquella escuela privada iba a ser la puerta de entrada a ese mundo elitista, y nada le iba a impedir atravesarla. Al final, todo salió según lo previsto, hasta que las clases dieron comienzo.

Cada vez que lo acompañaba a la escuela por las mañanas, estaba convencida de que las otras madres le hacían el vacío y la miraban de manera extraña. Además, eran contadas las veces en las que alguna de ellas se acercaba a hablar con ella. Todo aquello la llevó rápidamente a concluir que no era lo suficientemente buena para ellas. La sensación de rechazo exacerbó su vena autocrítica, en especial en todo lo relacionado con su aspecto, que era lo único que la había hecho sentir segura en toda su vida. Pasados unos meses, durante una salida escolar, logró al fin hacerse amiga de otras dos mujeres, quienes le acabaron confesando que, en verdad, las demás madres se habían sentido rechazadas por ella. Lo único que veían era a una mujer tan despampanante como despectiva que pasaba cada día por su lado sin siquiera mirarlas, lo cual disparaba todas sus inseguridades.

Lo que más le sorprendió a mi paciente no era lo mal que había juzgado la situación, sino el hecho de que las otras mujeres pudieran sentir un atisbo de inseguridad. A sus ojos, eran las socias fundadoras de una clase superior de diosas que conducían un Range Rover y que, de ninguna de las maneras, podían tener defectos. Tardó algunos meses más en reconocer una ley fundamental de la naturaleza humana: todo el mundo piensa que tiene algún problema. Todos tenemos una parte de nosotros mismos que no queremos revelar al mundo porque la consideramos inferior. Esto es lo que el psiquiatra suizo Carl Jung llamó la sombra: esa parte de ti que desearías que no existiera, pero de la que no puedes deshacerte por alguna razón.

A aquella mujer no le costó mucho aceptar el hecho de que tenía una sombra, que no era otra cosa que su secreta sensación de que la holgazanería de su familia pudiera mancillarla. Temía no poder alejarse nunca lo suficiente de ellos y que, un buen día, salieran a la luz sus orígenes. Sin embargo, le costaba creer que aquellas mujeres de alta alcurnia de la escuela tuvieran algo de lo que avergonzarse. Después de todo, parecían tenerlo todo. Pero todo el mundo tiene algo por lo que cree no estar a la altura: una adicción secreta, alguna imperfección física, haber llegado a cierta edad, no haber terminado los estudios universitarios o cualquier otra cosa. Todos proyectamos el conjunto de todas esas debilidades en nuestro *alter ego* inferior: la sombra.

Entonces, hacemos todo cuanto está en nuestra mano para que el mundo no vea esta sombra. Es como meter todos tus defectos en una bolsa y ocultarla en tu armario. Así es como acabamos, de un modo u otro, evitando el mundo, escondiéndonos detrás de una fachada y mostrando a los demás solo las partes de nosotros mismos que consideramos aceptables; de ahí que tanta gente se sienta un fraude. Mi paciente quería creer que existía un supergrupo libre de toda sombra, y albergaba la esperanza de que su hijo pudiese pertenecer a él. Aceptar que algo así era imposible marcó el inicio de su crecimiento personal. Tomar conciencia de aquello hizo que su vida ya no tuviese como fin deshacerse de su sombra, sino aceptarla. Pero ¿de qué sirve aceptar tus debilidades y defectos? La respuesta es que son lo que te lleva a aceptar la realidad de tu condición humana. Por muy concretas que sean todas esas cosas de las que te avergüenzas, jamás son la verdadera razón por la que te sientes inferior.

El sentimiento de inferioridad es la condición espiritual básica del ser humano.

Incluso los miembros de los grupos más exclusivos se sienten inferiores. En la cultura occidental, esto es lo que se conoce como la *caída del hombre*. En un sentido mitológico, esta expresión quiere decir que hemos pasado del paraíso y la inmortalidad a la condición de vida del cuerpo físico, con toda su fragilidad, temporalidad y caos. Vivimos dentro de un artefacto que se pudre a diario. Por muy gloriosos que sean tus logros en el mundo exterior, durarán solo un tiempo. Tu sombra es la parte de ti que conoce esa verdad por mucho que te empeñes en ocultarla. Siguiendo con el sentido mitológico, es tu yo superior el que recuerda ese estado más elevado en el que te encontrabas originalmente en el paraíso y, por lo tanto, sabe lo bajo que has caído. El yo superior se ha puesto tus defectos como si de un traje se tratara, dando lugar a la sombra. En cierto sentido, se ha sacrificado para convertirse en un espejo en el que puedes ver la verdad sobre ti mismo: que eres un ser humano con defectos. En realidad, la sombra no es tu yo inferior: es el mero espectador de la verdad sobre tu condición humana; es tu yo superior disfrazado. En la mitología occidental, la historia de Jesucristo es la que mejor refleja esta dinámica. Cristo representaba la sombra de toda la raza humana.

La gente hace lo que sea con tal de mantener su sombra oculta. Viven en un mundo limitado en el que temen expresarse. Por eso, les cuesta conocer gente nueva, les asusta la intimidad y son incapaces de asumir ningún riesgo creativo, de enfrentarse a su superior o de hablar en público. Algunas personas se sienten tan inferiores que tan siquiera pueden escribir sus propios pensamientos en un diario personal. Como no entienden la verdadera naturaleza de la sombra, esta acaba por convertirse en el enemigo.

No obstante, lo cierto es que la sombra es tu mayor recurso.

Es tu niño interior, esa parte de ti singular y desinhibida que sigue sus instintos y se acepta por completo. Nuestro sabiondo ego tacha de inferior a esta parte, cuando lo cierto es que de ella emanan unas fuerzas superiores capaces de crear magia en el sentido literal de la palabra. Tus inseguridades se convierten, así, en oportunidades. Cuanto más aceptes tus debilidades, más activarás esas fuerzas creativas. Ese es el verdadero poder de la autoaceptación. Entender esto también hace que tu propósito vital cambie. El mundo deja de ser un lugar donde cumplir con los estándares externos de éxito, sino donde revelar tu sombra y aprender a aceptarla. Entonces, te liberas de la tiranía de preocuparte por lo que los demás piensan de ti y puedes expresarte con total libertad.

Con todo, no basta con pensar en la autoaceptación; necesitas herramientas para llevarla a la práctica. He aquí tres de ellas:

Convierte tu sombra en una realidad que puedas experimentar

La visualización te permite hacer realidad lo que encierra tu inconsciente. Cierra los ojos y rememora un momento de tu vida en el que te sentiste particularmente herido, rechazado o marginado. Puede ser cuando te humillaron frente a los demás niños en el colegio, durante una ruptura difícil o cuando estuviste deprimido en la universidad. Mírate a esa edad como si estuvieses viendo a otra persona. Contempla el dolor en la cara de esa persona, observando su apariencia y comportamiento hasta en el más mínimo detalle. Lo que estás viendo no es otra cosa que tu sombra. A continuación, dirígete a ella y dile: «Eres real y nunca te irás, pero eres importante». Tómate unos instantes para sentir lo que es estar en presencia de tu sombra. Practícalo hasta que puedas recrear tu sombra siempre que quieras. Esta parte real de ti existe en el presente y está a tu disposición para ayudarte a generar fuerzas creativas.

Presta mucha atención
a tus experiencias negativas

Estas pueden ser de grandísima utilidad si las procesas como es debido. Tu sombra hace acto de aparición cada vez que te sientes herido, se te dispara la vena autocrítica o te invade el sentimiento de inferioridad. En lugar de temer esos momentos, debes aprovecharlos como algo que te da pie a expresar tu amor y a aceptar tu sombra. Visualízala y háblale con la misma ternura que si fuese tu propio hijo. Imagínate abrazándola durante unos instantes. En total, se tarda menos de diez segundos en completar el ejercicio. Cuando abrazas a tu sombra de manera sistemática, el mundo te parece menos terrorífico y te sientes menos inferior. A medida que vayas integrando tu sombra y aceptándote a ti mismo, irás ganando en confianza.

Ponte en situaciones que saquen a relucir
la verdad de tu ser y que normalmente evitarías

Supongamos que te obligas a ir a una fiesta repleta de gente que te intimida. Por el simple hecho de estar allí empezarás a experimentar un montón de señales con carga emocional negativa, lo que significa que tendrás que entablar un diálogo con tu sombra durante toda la velada. De este modo, dejarás de prestar atención al modo que tienen los demás de reaccionar a ti para enfocarte en el objetivo interno de profundizar tu vínculo con tu sombra.

En la Edad Media, los alquimistas andaban en busca de la piedra filosofal mitológica, pues, según se decía, poseía poderes mágicos transformadores. La dificultad para dar con la piedra residía en que era una piedra común y corriente, que nadie se molestaría en recoger. Las experiencias negativas de tu día a día —y en especial las que disparan tu sentimiento de inferioridad— son como la piedra filosofal; solo que, en lugar de transformar el plomo en oro, te transformas a ti mismo.

El sentido de la vida —con todo el dolor que acarrea— se vuelve comprensible en el preciso instante en el que te percatas de que estás aquí para desarrollar una relación con tu propio ser.

Hacer las paces con el conflicto

POCO ANTES DE CUMPLIR los treinta años, empecé a aprender karate para tratar de superar mi miedo a la confrontación física. Me gustaba mi maestro, así que, cuando trasladó las clases a un gimnasio de boxeo en el sur del Bronx, lo seguí hasta allí. En realidad, el gimnasio era un anexo de una iglesia que era el único edificio que seguía en pie en una de las esquinas de una manzana repleta de escombros, pues todos los demás edificios habían sido demolidos. Todavía puedo sentir lo tenso que me ponía cada vez que atravesaba el puente que llevaba de Manhattan a ese duro paisaje. El ambiente que se respiraba en el interior del gimnasio era aún más intimidante, al menos al principio. Todo el mundo allí era del Bronx y se tomaba muy en serio los entrenamientos de karate o boxeo. Aquellos hombres irradiaban una sensación de rabia controlada cada vez que se subían al cuadrilátero central o golpeaban los pesados sacos, y no mostraban la más mínima misericordia cuando se enfrentaban a principiantes como yo. Había un tipo que solía emplearse a fondo conmigo cada vez que nos enfrentábamos y que parecía odiarme de verdad. Sin embargo, conforme fueron pasando los meses, empecé a comprobar que aquella intensa emoción se desvanecía al acabar el entrenamiento, dando paso a una especie de paz amorosa que inundaba la habitación. Los mismos tipos que una hora antes parecían totalmente dispuestos a hacerse picadillo acababan conectados por cierta clase de vínculo misterioso. Una noche, al salir del entreno, no conseguía arrancar el coche. Al verme allí tirado, en un barrio conflictivo habiendo ya caído la noche, empecé a sentir mi habitual miedo a una posible confrontación. Entonces, de entre las sombras, apareció el mismo tipo que me machacaba en cada entrenamiento. No sabía muy bien qué esperar de esa situación, pero lo único que veía en su rostro era preocupación. Consiguió que remolcaran mi vehículo y me acompañó hasta el metro para que llegara sano y salvo, tratándome como a un miembro de su familia. Aquel mundo que al principio me había parecido tan aterrador estaba, de repente, lleno de amor.

El vínculo que unía a los hombres del gimnasio no existía a pesar del conflicto y la lucha, sino gracias a ellos. Este no es más que un ejemplo extremo de que, sin conflicto, no puede existir una conexión profunda entre los seres humanos. Si quieres estrechar lazos con alguien, debes entrar en lo que yo denomino la *zona de implicación*, que sería el espacio en el que acortas la distancia con alguien lo suficiente como para volverte vulnerable. La vulnerabilidad genera miedo, y el miedo conduce al conflicto. Pero, si el conflicto se gestiona bien, se acaba creando un vínculo real. El conflicto se convierte entonces en una especie de órgano sensorial que te permite llegar a conocer en profundidad a la otra persona. Esta zona de implicación es un espacio dinámico. Cuando dos personas están juntas, se produce cierta magia. Adentrarte en ese espacio tiene los siguientes beneficios:

- Te sientes realmente conectado con el mundo y con una sensación hogareña.
- Habitar ese lugar permite que surjan nuevas ideas.

- En un sentido más profundo, esta zona es un lugar espiritual. Tus relaciones interpersonales te brindan un acceso más directo al mundo espiritual.

La mayoría de las personas evitan comprometerse en serio. Sienten tal aversión por los conflictos que acaban pidiéndole al mundo mucho menos de lo que deberían. Esto es lo que da lugar a la paradoja de la persona moderna, que está profundamente aislada aun teniendo al alcance de su mano tantísimas nuevas tecnologías de la comunicación. Lo cierto es que no se trata en absoluto de un fenómeno sorprendente, pues son contadas las ocasiones en las que la tecnología nos ayuda a implicarnos de verdad. De hecho, es más bien al contrario: solemos recurrir a ella para eludir conflictos y ocultar vulnerabilidades. Cada día, entran en las redes sociales millones de personas escondidas tras su nombres de usuario. El correo electrónico nos evita la confrontación cara a cara, y los mensajes de texto nos permiten expresarnos sin el miedo a mantener una conversación en tiempo real. Cuando esa sensación de desconexión alcanza proporciones exorbitadas, en parte resulta comprensible que un adolescente pueda llegar a sentirse tan aislado que, un buen día, acabe entrando en su escuela pistola en mano con la intención de matar a sus compañeros de clase.

¿Por qué le tenemos tanto miedo al conflicto que estamos dispuestos a llevar una vida marcada por la limitación? Muy sencillo: por una ilusión. Todo el mundo tiene una parte infantil que se cree *buena*. Y, si partimos de la base de que el universo debería ser *justo*, entonces tenemos motivos para pensar que no debería existir razón alguna para que alguien nos muestre su desacuerdo o, Dios no lo quiera, su desagrado. Aun así, los conflictos ocurren. Y, cuando lo hacen, sentimos que son desproporcionados e inmerecidos y, presos del estupor, no tenemos forma de procesarlos. Sin embargo, el estupor que nos generan no tiene nada que ver con los detalles de la riña o disputa; tiene que ver con el hecho de que alguien no nos adore. No conseguimos creer que alguien no pueda llegar a ver lo buena persona que somos. Entonces nos decimos: «Pero ¿cómo es posible que alguien me trate así... *a mí*?». El hecho de que alguien nos deteste o no nos comprenda destruye por completo la imagen que tenemos de nuestra propia persona. Por eso, la gente hace lo que sea con tal de evitar cualquier conflicto, aunque eso implique decir adiós a la zona de implicación y a una vida menos profunda.

Parte de convertirnos realmente en individuos adultos consiste en aceptar el conflicto como un componente normal e inevitable de la vida. El conflicto es necesario para estrechar lazos humanos y, por lo tanto, es algo que puede ser tremendamente positivo. Pero, para que pueda llegar a serlo y poder sentirnos más conectados con el mundo, es preciso hacer cierto trabajo.

La mayoría de nosotros reaccionamos al conflicto de forma refleja, sin tener ningún plan ni objetivo superior. ¿Y qué es lo que suele suceder entonces? Pues que nos sumimos en un incesante bucle mental de juicios negativos sobre la otra persona: «No puedo creer que me haya dicho algo así. ¡Se va a enterar cuando lo pille por banda! ¡Me va a oír!»; todo ello mientras nos alejamos de la otra persona y nos recluimos en nuestro caparazón, lo que nos agría el carácter y contribuye a aislarnos del resto del mundo. Reaccionar así es tan eficaz como pisar el freno cuando tu coche patina: no hace más que empeorar la situación. Durante los momentos de conflicto es cuando necesitas, más que nunca, mantener la conexión con un mundo superior que trascienda tus circunstancias inmediatas. Ese mundo superior posee fuerzas que fluyen a través de ti, te calman y te infunden coraje; es un mundo de amor ilimitado libre de todo juicio. En cuanto empiezas a juzgar o te contienes, caes de ese mundo como un saco de patatas. Te quedas sin recursos, lo que da rienda suelta a la frustración y la impotencia hasta que, al final, acabas desquiciado.

Cada vez que estalla un conflicto, acostumbra a surgir una fuerza muy poderosa que nos arrastra lejos del mundo superior; de ahí que sea imprescindible realizar cierto trabajo. En este sentido, no hay herramienta más efectiva que el denominado *amor activo*, una técnica que ya expliqué brevemente al comienzo de este libro. Se trata de una clase de amor que nace de la fuerza de voluntad. Esto contrasta con la visión ingenua del amor que la mayoría de nosotros tenemos, pues lo vemos como algo que debería ser natural y, por lo tanto, no requiere ningún tipo de esfuerzo. El amor activo te permite generar amor en situaciones en las que normalmente te quedarías atrapado en el odio. Esto no quiere decir tampoco que te tengas que dejar atropellar. De hecho, cuanto más agresivo sea el trato que debes tener con alguien, más amor activo tendrás que enviarle. Ahí es donde reside tu poder. El amor activo te mantiene conectado con las fuerzas imparables del mundo superior. Así es cómo funciona:

Concentración: imagina el amor como una sustancia que rebosa a tu alrededor. Siente como si la absorbieses y se quedase concentrada en tu pecho. **Transmisión:** envía ese amor concentrado hacia la otra persona. Si en ese momento no está presente, proyéctalo hacia la imagen mental de ella. Hazlo sin dejarte nada dentro, como si estuvieses vaciando por completo los pulmones. **Introducción:** este es el paso más importante. No te limites a contemplar cómo el amor entra en el cuerpo de la otra persona: siéntelo en tus propias carnes. Durante unos instantes, conectarás con la experiencia de convertiros en uno solo. Esa es la puerta de acceso al mundo superior. El amor se define como la aceptación más total y absoluta. Por lo tanto, si puedes enviar amor a alguien que odias, puedes acoger con los brazos abiertos lo que quiera que te depare la vida, ya que conocerás la experiencia del amor verdadero. Solo entonces tendrás acceso al mundo superior. No es necesario que lo veas como una cuestión moral. Tan solo estás obedeciendo las leyes del mundo superior, del mismo modo que obedeces las leyes de la gravedad: de forma involuntaria y por tu propio bien.

La clave del amor activo radica en concebir el amor como una sustancia, y no como un juicio de valor. Puedes dirigir una manguera hacia un coche que odias y lavarlo tan bien como si lo amases. Emplear el amor activo no implica que apruebes las acciones ajenas. De hecho, la otra persona tan siquiera es relevante. Lo que estás haciendo es algo más elevado: estás dejando claro que, por mucho que te agredan, te niegas a que te arrastren lejos del mundo superior y a perder tu sentido del flujo y la conexión. Te mantienes en un estado en el que el conflicto no puede intimidarte, y en el que eres libre de volcarte al máximo con el mundo.

Esta es una nueva forma de contemplar la resolución de conflictos. Llegar a un entendimiento en cuanto a los pormenores de una disputa no basta para crear un vínculo duradero entre las personas, ya que siempre surgirán nuevos conflictos y motivos de desavenencia. La clave está en que cada cual procese su propio miedo y odio durante los conflictos. Cuando todas las partes hacen su respectivo trabajo, se genera un espacio de buena voluntad, que es fruto de la labor espiritual realizada durante los momentos difíciles.

Eso es lo único que te brindará la fe necesaria para mantener el vínculo con la otra persona.

Perder para salir ganando

VINCE LOMBARDI es el entrenador de fútbol americano más venerado de todos los tiempos. Su equipo, los Green Bay Packers, batieron un récord de victorias sin parangón en los años sesenta. Su capacidad para inspirar a sus jugadores le valió su fama y lo convirtió en un referente aún vigente para los entrenadores de hoy en día. Como el exigente capataz que era, la victoria no era una opción; era literalmente una orden. La derrota no estaba permitida. Se dice que su lema era: «Ganar no lo es todo, es lo único». Fuese cierto o no, el caso es que aquella frase pasó a la posteridad y se convirtió en la mismísima definición del actual Estados Unidos. Uno de nuestros dioses era Michael Jordan. Por muy atractivo, inteligente y encantador que fuese, el verdadero motivo por el que se le veneraba entonces —y se le sigue venerando ahora— era su capacidad para ganar bajo presión de manera infalible. Las grandes empresas estaban dispuestas a pagar lo que fuese por tenerle como imagen. De hecho, cuando echas un vistazo a los anuncios de la época, puedes ver que son un hermoso y esmerado homenaje a la gloria de la victoria.

La obsesión por ganar ha distorsionado el mundo del atletismo. Esto está fuera de toda duda. Los equipos profesionales contratan a atletas con cualquier tipo de problema, siempre y cuando les ayuden a ganar. Hay atletas olímpicos que se dopan con sustancias ilegales de manera regular para mejorar su rendimiento. Por no hablar de los padres y madres que pierden los papeles atacando al árbitro durante un partido de *T-ball** porque el equipo de su hijo de siete años va perdiendo.

Si esto se limitase al mundo deportivo, quizás no sería algo tan pernicioso.

Por desgracia, la idea de que ganar es el valor supremo se ha extendido a todos los aspectos de nuestras vidas. En definitiva, se ha convertido en nuestra filosofía de vida. De ahí que luego haya padres y madres —como los que ya vimos antes— que no dejan de ejercer todo tipo de presiones para que sus hijos sean admitidos en la guardería adecuada y más adelante puedan ir a Harvard, o ejecutivos corporativos que maquillan los libros de cuentas para que sus ganancias trimestrales no decepcionen a Wall Street; o productores de cine que recurren a la violencia gratuita con tal de garantizar que la película sea un éxito de taquilla. El problema no está en que traten de alcanzar el éxito, sino en la obsesión que tienen por él. Ganar se ha convertido en *lo único* que cuenta para ellos. Son practicantes de una filosofía moderna, según la cual nada puede ser más importante que ganar.

Esta creencia ha calado tanto en nuestras vidas que rara vez la cuestionamos. Sin embargo, no estaría de más hacerlo. Y es que, cuanto más nos centramos en conseguir una victoria unilateral, más salimos perdiendo —y con *perder* no me refiero a lo que estamos tratando de ganar—. El problema estriba en el estado mental en el que nos coloca semejante filosofía. Cuando dejas que la victoria te obsesione, no puedes ver más allá de tu objetivo, el cual pasa a convertirse en una cuestión de vida o muerte. A la postre, toda tu atención se centra en

---

* El *T-ball* es un deporte infantil basado en el béisbol. Debe su nombre al soporte en forma de «t» que se utiliza para batear. *(N. de la T.)*

una *cosa* ajena a ti, ya sea tu carrera, el dinero, la fama u otra persona. Cuando eso sucede, te sitúas en un estado de apego que se caracteriza por pasarte mucho tiempo pensando y dándole vueltas a lo mismo. La verdadera pérdida es el propio estado de apego. Tanto es así que los budistas lo consideran la fuente de todo sufrimiento.

¿Y qué perdemos en este estado de apego? Pues la conexión con algo más grande que nosotros mismos: con esa fuerza superior presente en el universo que hace de él un todo significativo. Y es que el ser humano no puede llegar a ser feliz si pierde ese tipo de conexión. Ahora bien, *esa clase de fuerza superior no existe en los objetos,* pues estos son estáticos, a diferencia de la primera, que es movimiento en estado puro. Cuanto más nos centramos en el mundo de los objetos, más nos alejamos de las energías espirituales que necesitamos.

Y lo que es peor: sin una conexión con las fuerzas superiores, la sociedad se desmorona. Al fin y al cabo, alguien centrado en ganar es alguien que solo se preocupa por sí mismo, lo que crea una brecha entre nosotros cada vez mayor. En este contexto, a los ganadores les trae sin cuidado lo que les suceda a los perdedores. A principios del siglo XX, la humanidad creía que la ciencia le permitiría *ganarle la partida* al mundo material; estaba convencida de que podría encontrar soluciones *científicas* a todos los problemas humanos, incluidos los problemas sociales y económicos. Esto contrasta con lo que en verdad ha acontecido en este siglo: un estallido de maldad y homicidio sin precedentes en la historia del mundo. El hecho de haber perdido el sentido de algo más grande que su propio ego hizo que la humanidad perdiera también las riendas y estuviese al borde de destruirse a sí misma.

En el próximo milenio, o bien recuperamos nuestra conexión con las fuerzas superiores, o bien pereceremos. Las fuerzas superiores son lo único que nos inspira a preocuparnos por los demás y nos permite trascender nuestras propias necesidades y obsesiones personales. Ahora bien, tales fuerzas no pueden regularse, adquirirse ni producirse en masa. En esta nueva era, cada cual deberá traer consigo al mundo estas energías espirituales. La gran paradoja es que lo que nos permite volver a conectar con las fuerzas superiores no es la victoria, sino la derrota. Esto es tan antagónico a nuestra forma de ver el mundo que, en un primer momento, parece una completa locura. No obstante, cuando dejas de centrarte en lo que has perdido y empiezas a observar el estado en el que te sume la pérdida, semejante afirmación cobra sentido. En el estado de apego, conviertes la fuente de tu obsesión en tu realidad última. Sea cual sea el objeto de tu apego, semejante estado te coloca en un mundo donde no existe nada más elevado que dicho objeto. En otras palabras, el apego te atrapa en ese mundo carente de fuerzas superiores. Para liberarte de un mundo así de vacío, es necesario perder aquello que quieres ganar. Solo entonces podrás acceder a un mundo vivo compuesto de fuerzas espirituales, y no de objetos. Ese es el secreto de la pérdida: que te permite ganar todo un mundo. Y es que el mundo de los objetos es un mundo limitado, en el que la ganancia de una persona es la pérdida de otra, lo que acaba convirtiéndonos en rivales. El mundo de las fuerzas superiores es infinito. Solo ahí todos salimos ganando; solo ahí es posible el éxito colectivo, sin el cual estamos abocados a machacarnos mutuamente una y otra vez.

La mayoría de nosotros no aprovechamos el potencial espiritual que tienen las pérdidas. Estamos tan concentrados en ganar que no sabemos cómo perder, lo cual es una auténtica tragedia. Por lo general, las personas tienden a evitar o ignorar la pérdida el mayor tiempo posible y, cuando esta acaba por sobrepasarlas, se desmoralizan o incluso se paralizan, porque desconocen el modo de aceptar la pérdida.

Para aceptarla, es necesario cumplir tres condiciones:

- Afrontar que la pérdida es una parte inevitable de la vida.
- Reconocer la pérdida como una puerta de acceso a las fuerzas superiores.
- Ser capaz de procesar la experiencia de la pérdida justo en el momento en que ocurre.

Cuando dispones de una herramienta para procesar la pérdida, puedes convertir la experiencia de la pérdida material en la puerta de entrada a un universo completamente nuevo. Esa herramienta no es otra que la comprensión de que, detrás de cada pérdida que sufres, se esconde una fuerza infinita, que es la misma que lo crea todo en el universo. La pérdida y la destrucción son necesarias para que esa fuerza creadora —ya la llames Dios o no— pueda crear algo nuevo. Cada pérdida que experimentas es una oportunidad para entablar una relación con esa fuerza superior. Sin embargo, nos empeñamos en negociar los términos: «Puedes arrebatarme el trabajo, pero no a mi esposa», aunque algo así implique poner el motor principal del universo al mismo nivel que el ser humano. Debes dejar de negociar los términos y aprender a rendirte por completo a esa fuerza.

Y la única forma de hacer algo así es estar dispuesto a perderlo todo.

Esa es la clave.

Para entrenarte a procesar las pérdidas, cierra los ojos y concéntrate en aquello a lo que estás apegado, ya sea el dinero, el estatus, la salud o lo que sea. Imagínate agarrando el objeto de tu apego con todas tus fuerzas. Acto seguido, suéltalo y dite a ti mismo: «Estoy dispuesto a perder este dinero», mientras experimentas una caída. La sensación de caer debe ser a su vez placentera y liberadora; algo así como si te estuvieses aferrando a una cornisa y, de repente, te soltaras. Mientras caes, contempla el sol en algún lugar por debajo de ti. Siente que caes de lleno en él y, en cuanto entres en contacto con su superficie, nota cómo tu cuerpo comienza a arder. Dite a ti mismo: «Estoy dispuesto a perderlo todo». Dado que tu cuerpo físico es el instrumento con el que posees los objetos, al perderlo, lo estarás perdiendo realmente todo. Experimenta la sensación de alivio que esto te produce. Ahora te encuentras en el mismísimo centro del sol y, como te has despojado de tu cuerpo físico, eres libre de proyectarte en todas direcciones, al igual que los rayos del sol. Al mismo tiempo, imagina muchos otros soles a tu alrededor irradiando hacia ti. Percibe la paz y la armonía que se extiende entre ellos. A continuación, abre los ojos y regresa a tu cuerpo, mientras imaginas que el sol sigue brillando dentro de tu corazón.

Realizar este ejercicio te permitirá experimentar un poder que un objeto material jamás te podría procurar.

Se tarda alrededor de un minuto en completar todo el ejercicio.

Esta herramienta funciona tanto para procesar una pérdida que ya ha tenido lugar en tu vida como para lidiar con el miedo a una posible pérdida en el futuro. En cualquier caso, te prepara para colocarte en un estado de desapego. Valga decir que la ausencia de apego no implica pasividad. No tener apegos no significa que, de repente, te dé igual alcanzar o no tus objetivos; simplemente dejas de obsesionarte con ellos como si fuesen una cuestión de vida o muerte, ya que eres capaz de aceptar la pérdida. Aprendes a mantenerte en contacto con una fuerza más grande que tus deseos personales, por lo que ganar ya no es lo único que cuenta.

Solo entonces puedes ser feliz.

Aprender de tus sueños

POCAS PERSONAS SON CONSCIENTES de que fue la sabiduría de un sueño lo que impulsó a Francisco de Asís a cambiar de vida y a convertirse en el santo más famoso de todos los tiempos, un hombre venerado en todo el mundo por personas de todas las confesiones. La grandeza que logró alcanzar San Francisco no está al alcance de muchos, pero eso no quita que podamos aprender de su historia. Aún a día de hoy, sus logros siguen teniendo una importancia capital. Francisco vivía en una sociedad medieval que estaba en la más absoluta decadencia. La élite que ostentaba el poder gobernaba en aras de su propio beneficio, sumiendo en la miseria a la mayoría de la población. Las guerras entre las ciudades-Estado eran constantes, y las minorías y las personas con algún tipo de discapacidad eran objeto de una persecución implacable. Francisco llevó una asombrosa fuerza de amor y sanación a esos tiempos de corrupción, pero antes tuvo que pasar por un proceso de transformación personal.

Francisco nació en el seno de una familia pudiente y se crio para ser un auténtico mujeriego, que no hacía más que gastar el dinero de su padre y cortejar a mujeres hermosas. Sin embargo, lo que más amaba en el mundo era ir a la guerra. Ya a una edad muy temprana, había probado su valía en el campo de batalla. Una vez, justo antes de una nueva campaña, Francisco soñó que estaba en un palacio donde se almacenaban armas y escudos, lo que interpretó como una señal de que debía proseguir su carrera militar. Sin embargo, en plena expedición, tuvo la aguda intuición de que había malinterpretado el sueño y debía regresar a Asís. De regreso a su hogar, la misma voz interior le hizo comprender que las armas del sueño eran armas *espirituales* de misericordia, compasión y amor. Después de aquello, Francisco cayó gravemente enfermo. Nada más recuperarse, se percató de que su deseo de conquista física se había transformado en el deseo de difundir la paz y la bondad. De repente, aquel hombre que soñaba con alcanzar la gloria caballeresca empezó a caminar, en la más completa indigencia, entre los más repudiados de su sociedad: los leprosos.

Francisco fue capaz de alejarse de un camino ciegamente materialista dejándose guiar por las fuerzas superiores que se le aparecieron en un sueño. Para él —y para tantos otros en el mundo antiguo—, estas fuerzas se consideraban espirituales. Esto es lo que hoy en día, creyéndonos sofisticados, conocemos como *fuerzas del inconsciente*.

Las fuerzas que nos llegan a través de los sueños tienen un poder innegable, que necesitamos con desesperación. Sin embargo, nuestra mentalidad habitual no está acostumbrada al lenguaje de los sueños, por lo que debemos entrenarnos para recibirlos y entenderlos. Hay sueños de todo tipo: algunos representan el anhelo de cumplir un deseo, mientras que otros nos muestran el miedo a algo que pueda acontecer en el futuro, e incluso hay algunos que representan la sensación física que podemos estar experimentando en un momento dado, como el calor. Sin embargo, esos sueños son como el sonido que hace una orquesta mientras calienta antes de empezar a tocar; sin un propósito superior, no son más que ruido.

Los sueños realmente importantes son los que nos confieren sabiduría, y muy a menudo se presentan durante un punto de inflexión clave en nuestra vida. El mundo moderno confunde la sabiduría con la información, porque esta resulta fácil de obtener. Hoy en día, nos ahogamos en un mar de datos. Pero ni toda la información del mundo puede guiarnos en los momentos cruciales de nuestra vida. A la postre, lo que puede ser la respuesta correcta para una persona a la luz de ciertos datos puede no serlo para otra. La sabiduría es una fuerza superior que te revela la vía que debes seguir como individuo en un determinado momento. Esta trasciende las capacidades del pensamiento humano normal, y vendría a ser como un puente que te conecta con el universo. En definitiva, es lo que te permite avanzar con un sentido de propósito.

Con todo, lo cierto es que nos resistimos a la sabiduría. El ego está convencido de poseer el conocimiento y detesta abrirse a nada que tenga una mayor sabiduría; de ahí que nos quedemos estancados en la misma perspectiva del mundo. La mayoría de las veces, nos centramos en algún objetivo externo —como nuestra carrera profesional o estatus— y excluimos a conciencia todo aquello que pueda distraernos de eso. Por decirlo en pocas palabras, somos de piñón fijo.

Y ahí es donde entran justamente los sueños.

Su cometido es hacernos cambiar de actitud. El primero en afirmar algo así fue Carl Jung, quien desarrolló una nueva forma integral de lidiar con los sueños. Por ejemplo, todos hemos soñado alguna vez que íbamos a clase o teníamos un examen y, de manera indefectible, llegábamos tarde o íbamos sin haber estudiado. Esto representa la resistencia del ego al *plan de estudios* emocional o espiritual. Y es que la plenitud es una asignatura pendiente. Luego hay otra clase de sueños cuyo significado no resulta tan obvio. Aquellos en los que te atacan o te asesinan no tienen nada que ver con el peligro físico, por muy espeluznantes que puedan llegar a ser. Lo que está siendo atacado es tu actitud. El sueño solo está echando por tierra tu fijación con el mundo material para que puedas equilibrarte. Si tienes un sueño recurrente de este tipo, ábrete a la posibilidad de que tengas que recibir un mensaje. Antes de irte a dormir, puedes incluso pedir un sueño que te aclare el mensaje.

Aun así, no basta con abrirse a los sueños, pues proceden de un mundo que posee su propio conjunto de leyes. Por eso, si les das la misma lectura que a tu vida cotidiana, acabarás malinterpretando los mensajes. He aquí cinco elementos clave de los sueños:

El simbolismo

Los sueños se basan en un lenguaje visual —y no verbal— en el que las imágenes tienen un sentido figurado, como en el caso de las armas del sueño de Francisco de Asís. Nos gusta pensar que la inteligencia en su forma más elevada se expresa en palabras, pero semejante creencia no es más que una presunción del ego, dado que su forma de pensamiento es verbal. En el mundo antiguo era algo aceptado que la sabiduría se transmitiese por medio de imágenes. El pensamiento de los dioses era simbólico, y las verdades superiores se ataviaban con estampas tomadas del día a día humano. De ahí que a Francisco se le apareciesen las armas espirituales bajo la forma de aquellas que en verdad usaba. Jung descubrió que determinados patrones simbólicos son universales, lo que significa que todos nacemos con ellos en nuestro inconsciente. Tales símbolos no solo aparecen en los sueños; también en los mitos y obras de arte. Esto es lo que él bautizó como los *arquetipos*. Un ejemplo de ello es el personaje de Star Wars Darth Vader. Dondequiera que proyectes la película, el público reconocerá a Darth Vader como el arquetipo del Mal nada más verlo. Otros arquetipos son la Madre, el Padre o Dios, entre otros. Cada vez que aparece un arquetipo, el sueño te está conectando con lo que Jung denominó el *inconsciente colectivo*. Esta es una parte de ti que trasciende tu historia individual —es decir, tu inconsciente personal— y te conecta con una conciencia universal. La humanidad antigua lo habría denominado, simple y llanamente, el mundo espiritual.

La interactividad

Por lo general, solemos pensar en los símbolos como imágenes estáticas o figuras que vemos desde el exterior, como si fuesen símbolos matemáticos. Las imágenes de los sueños son diferentes: están vivas y no son estáticas. En verdad, caminas entre símbolos con los que interactúas. En un sueño, puedes acabar comiéndote un símbolo o siendo perseguido por él. Cuando reaccionamos a estos símbolos vivientes como si fuesen objetos del mundo real, tendemos a malinterpretar su significado. Puede que, al ver una moneda de oro, te la guardes con avidez en el bolsillo, sin saber que esta no simboliza la riqueza material, sino la sabiduría.

La recurrencia

Cuando el mundo onírico tiene un mensaje importante que trasladarte, crea una serie de sueños sobre esa cuestión. A veces, se repiten noche tras noche. Jung creía que los sueños te confrontan una y otra vez hasta que aceptas su guía, pero nos confundimos porque los sueños abordan el mismo problema de maneras totalmente diferentes. Si lo que necesitas es dar rienda suelta a tu creatividad, puedes soñar que estás dando a luz, pero también que estás cuidando de un jardín. Si, en cambio, necesitas empoderarte, tal vez sueñes que te reúnes con el presidente o que estás haciendo trabajo de musculación en un gimnasio. La volatilidad del mundo onírico a la hora de hacernos llegar los mensajes es algo que al ego le resulta desconcertante, pues prefiere que las cosas siempre se presenten del mismo modo.

La interioridad

Los sueños son una paradoja: te transportan a otro mundo, que no está sino dentro de ti. Si tienes la suficiente apertura, puedes llegar a vislumbrar tu realidad interior y las verdades que sueles negar. Los sueños te permiten conocer partes de tu propio ser como si fuesen ajenas a ti. Por ejemplo, un león podría representar tu rabia interior; y un bebé, tu ser superior, nacido de la experiencia. Ciertos arquetipos revelan partes internas ocultas del yo. Tu sombra, ese *alter ego* inferior junguiano que la mayoría de la gente trata de ocultar, puede aparecerse como un mendigo o como alguien de tu pasado lejano a quien menospreciabas. Como es sabido, enfrentar y aceptar tu sombra es el primer gran paso en el camino del crecimiento interior.

La estructura dramática

Los sueños tienden a contar sus historias en tres actos, al igual que las películas. Por lo general, hay un planteamiento, que a menudo tiene lugar en circunstancias normales y corrientes. Luego vendría un viaje, un descubrimiento o un desafío. En este punto, el entorno suele volverse amenazante, exótico o fantástico. Entonces es cuando te zambulles en tu psique y accedes al inconsciente colectivo. En el último acto, la situación se resuelve, quizás volviendo a casa. Los altibajos emocionales que vivimos en los sueños son una forma de educación emocional. En el drama griego, esto es lo que se conocía como *katharsis*.

Sin lugar a dudas, el siglo XXI será un período que girará en torno a la información, en el que la ciencia, la lógica y las soluciones generadas por ordenador estarán muy presentes. Aun así, ninguna de esas cosas podrá jamás dar respuesta a los problemas más profundos a los que nos enfrentamos, como la manera de aceptar la pérdida, de sobrellevar la adversidad, de guiar a nuestros hijos o de encontrar un sentido a nuestra vida. Esa sabiduría solo la podemos encontrar en nuestro interior, y emana de una fuerza superior que viene a nuestro encuentro a través de los sueños.

¿Libertad o compromiso?

UNA VEZ CONOCÍ A UN HOMBRE con una ambición un tanto extraña: quería comprarse una isla desierta. Tenía previsto retirarse allí para escapar por completo de la civilización. Cuando llegó a mi consulta, me dijo que era algo que llevaba queriendo desde que tenía uso de razón. Además, para él era sumamente importante alcanzar el nirvana a los cuarenta años. No quería la típica jubilación en la que «solo te quedan diez años antes de palmarla». No dejaba de insistir en que quería «vivir una larga vida de libertad».

Si algo sacaba en claro de aquello es que aquel hombre no tenía ni idea de lo que era la libertad. Llevaba toda su vida buscándola en los lugares equivocados. Era el único hijo de una madre que se había criado en la pobreza y sentía que nunca había explotado su potencial, por lo que se había empeñado en que a su hijo no le pasara lo mismo. Así fue como acabó criándolo, en palabras de él, «sin ningún tipo de límite». Si no le gustaba una escuela, su madre dejaba que se cambiara a otra. Si se peleaba con un amigo, ella le encontraba uno nuevo. Si no le gustaba una película, se cambiaban de sala para ver la de al lado. Aun así, su permisividad no surtió el efecto deseado en su hijo. Aquella madre crio a un soñador perdido en sus propias fantasías que era incapaz de hacer planes o respetar las citas. Por no hablar de que se quedaba paralizado a la hora de tomar decisiones. Cada vez que un amigo lo invitaba a cenar, le pedía que le avisara alrededor de una hora antes para acabar de confirmar su asistencia. Huelga decir que no tenía demasiados amigos.

Para él, la libertad era poder hacer lo que quisiera, siempre que quisiera y sin cerrarse a ninguna opción.

—No voy a dejar que la vida me arrebate mi libertad —afirmaba.

Cuando mencioné que crecer implicaba adquirir compromisos y que las personas adultas toman decisiones limitantes todo el tiempo, su respuesta fue que la mayoría de la gente se había «vendido». Según él, habían caído en la «trampa» de la edad adulta, y la peor parte era tener que trabajar. En sus propias palabras, solo «los pringados y los esclavos» se pasaban toda la vida trabajando. Ahí es donde entraba la isla desierta: ese lugar que le permitiría estar a salvo en su propio mundo, libre de cualquier exigencia. Cuando lo conocí, su sueño estaba a punto de hacerse realidad. La empresa para la que trabajaba acababa de salir a bolsa y el valor de las opciones que poseía le permitiría jubilarse si llevaba una vida modesta. Con 37 años, todo cuanto debía hacer era esperar un año hasta la ejecución de las opciones. Sin embargo, en ese año, sucedió algo que trastocó su vida: se enamoró. Siempre mantenía dos o tres relaciones en paralelo para no caer en la tentación de comprometerse, hasta el día en que llegó una mujer que removió sus cimientos y lo puso frente a una encrucijada: si quería casarse con ella y formar una familia, tendría que seguir trabajando para ganar lo suficiente. Se acabó lo de escaparse al paraíso. Su peor pesadilla se había hecho realidad: estaba atrapado.

No obstante, lo que lo tenía preso no era la situación en la que se encontraba, sino la ilusión de que podía vivir sin exigencias ni compromisos, de que era posible vivir una vida libre de estrés.

La paradoja del asunto es que no hay nada que genere más estrés que el deseo de evitarlo. Aquel hombre estaba muy lejos de ser libre. En los años anteriores a venir a mi consulta para recibir terapia, el miedo a verse atrapado era tal que tenía ataques de pánico en los ascensores y aviones. Y ahora le resultaba imposible disfrutar de lo mejor que le había pasado en la vida: el amor de aquella mujer. Hasta su fantasía de escaparse a la isla era un imposible. (Y es que vivir en una isla desierta no es que te dé precisamente un amplio abanico de opciones). Para poder empezar a vivir de verdad, era del todo imprescindible que entendiera una verdad: que la vida es exigente. Dicho esto, cabe decir también que, cuando cumples con tales exigencias, obtienes recompensas de valor incalculable: puedes crear, tener un sentido de propósito, mantener relaciones profundas y sentir lo que es la pasión. La ilusión de que podemos eludir las exigencias de la vida nos impide disfrutar de esa clase de alegrías. No hay libertad más auténtica que la que nace de liberarse de la ilusión.

¿Por qué la vida es tan sumamente exigente? Simplemente porque esta no es algo fortuito y carente de sentido en un universo muerto. La vida es una fuerza superior que se mueve guiada por un propósito. Tal vez consigas no tener que trabajar por dinero; pero, para sentirte vivo, necesitas algún tipo de avance en tu vida. De lo contrario, pierdes el contacto con la vida y caes en una existencia carente de sentido. Cuando eso sucede, acabas muerto por dentro aunque sigas físicamente vivo. Basta con pensar en esas personas mayores que acaban tan encorvadas que apenas pueden mirar hacia arriba, mientras que otras se mantienen bien erguidas, rebosantes de vida. ¿Cuáles crees que siguen avanzando? ¿Y cuáles tienen una mayor libertad? Como seres humanos, solo podemos vivir de verdad cuando conectamos con las fuerzas vitales superiores. Romper dicha conexión no es libertad; es negar nuestra naturaleza. Si un pez pudiese volar, no sería libre; simplemente dejaría de ser un pez. El pez realmente libre es aquel capaz de nadar siguiendo el rumbo que le plazca.

Lo que nos da la libertad interior es una fuerza vital más profunda. Mi paciente, en cambio, buscaba la libertad en el exterior: cuantas más opciones tuviese en su mano, más libre pensaba que sería. Esta ilusión hizo que se obsesionara con las cosas que tenía a su alrededor, y fue justamente eso lo que le arrebató su libertad. Piensa en la típica persona materialista. ¿Te parece alguien libre? Por muchas posesiones u opciones que tengamos, nada puede liberarnos de la limitación humana por excelencia: el tiempo. Este bien tan sumamente preciado se nos agota a cada momento que pasa y, al final, acabamos desperdiciándolo tratando de mantener abiertas todas las opciones. Cuando estamos constantemente esperando a que aparezca algo mejor, nos quedamos paralizados como un cervatillo ante los faros de un coche. Algo así a duras penas puede considerarse libertad. La libertad interior es la capacidad de avanzar en el momento presente. Y, para ello, es necesario descartar opciones. El tiempo es lo que hace que la vida sea exigente. A la postre, no te queda más remedio que hacer elecciones porque no tienes una eternidad por delante.

Por obvio que pueda parecer algo así, lo cierto es que nos cuesta aplicarnos el cuento. Y es que, cada vez que cierras una puerta, experimentas una pequeña muerte, y está en la naturaleza humana tratar de evitar cualquier pérdida. Sin embargo, lo único que conseguimos al final con eso es dilatarlo todo y perder el tiempo. El truco consiste en modificar la experiencia que tienes de esos momentos de limitación. Es cierto que, en un sentido externo, estás renunciando a alguna oportunidad o experiencia. Sin embargo, en términos internos, en verdad estás ganando algo. La fuerza vital no proviene del mundo material, y solo puedes encontrarla cuando renuncias al vínculo que tienes con los objetos que te rodean. En este sentido, cada vez que renuncies a algo, estarás accediendo a fuerzas cada vez más elevadas. Las pequeñas muertes que sufras te llenarán de vida.

La limitación tiene un gran poder, que simbólicamente está representado por el arquetipo del Padre. Si hay una figura con la que estamos familiarizados es con la del Padre Tiempo, con su reloj de arena y su barba blanca. Él simboliza lo inevitable: nuestro destino, nuestra muerte y nuestro completo desamparo. Todos nosotros, incluso los niños pequeños, reaccionamos a esta figura con cierto miedo. Mi paciente tenía la ilusión de que el Padre no podría alcanzarlo en su isla desierta. Muchas personas se desviven con tal de evitarlo tanto a Él como a sus exigencias. A fin de cuentas, cualquier clase de materialismo, sea del tipo que sea, no es más que un intento de evitar al Padre. Sin embargo, esto no solo es una quimera, sino que además implica una gran incomprensión de lo que esta figura simboliza. Y es que, en verdad, esta solo resulta amenazante cuando te resistes a ella. En cambio, si te sometes a ella, puedes beber de sus poderes. Esta es una verdad espiritual que aparece representada en el Nuevo Testamento —en la historia de Jesucristo—, en el Antiguo Testamento —en la historia de Abraham e Isaac— y en multitud de otros mitos. Hay un nombre para designar la correcta relación con el Padre, y ese nombre es la disciplina. Cada vez que te sometes a la disciplina de comprometerte con una elección, estás estrechando lazos con el Padre; estás poniendo en práctica el poder de la limitación.

La verdadera libertad consiste en ser capaz de sacarle partido a semejante poder interior. Y, aunque no puedas desligarte de las ataduras del tiempo, estarás aprovechando al máximo el tiempo del que dispones. Esta clase de poder se puede percibir en las siguientes áreas:

Las relaciones

No hay nada que debilite más las relaciones que la incapacidad de comprometerse. Mucha gente se queda aguardando la llegada de alguien mejor, alguien con más poderes mágicos. La verdadera libertad es la capacidad de dejar de esperar y comprometerse, a sabiendas de que ninguna situación puede ser perfecta.

El estado de ánimo

Por extraño que pueda parecer, la felicidad es la celebración de las limitaciones externas. Hay una razón por la que las personas de culturas menos industrializadas a menudo parecen más felices que nosotros: tienen una menor obsesión por lo que pueden obtener del mundo material. La verdadera libertad —y la felicidad que esta conlleva— es la capacidad de liberarnos de esa obsesión.

Los azares del destino

En un sentido mitológico, el Padre es quien pone en marcha todo cuanto sucede, lo que significa que los acontecimientos que ocurren en tu vida tienen un sentido más elevado. Esta filosofía te permite aceptar incluso las situaciones más difíciles con desenvoltura y coraje. La verdadera libertad surge de nuestra capacidad para hacer que lo que nos sucede en la vida sea fuente de aprendizaje y no de sufrimiento.

La creatividad

La creatividad nace de la limitación. Cuanto más limitado sea tu mundo exterior, mayor será la inspiración que te llevará a crear algo nuevo que no puedes encontrar fuera. Cualquier forma de arte —como, por ejemplo, la escritura— fluye mejor cuando se hace a una hora concreta del día tanto si te apetece como si no; es decir, cuando existe una limitación. Al hacerlo, te sometes al Padre como artista, y su ayuda puede sentirse de inmediato en la labor de creación. En eso consiste la verdadera libertad.

Trascender la envidia

U NA VEZ TUVE COMO PACIENTE a una joven actriz muy pro-
metedora que no dejaba de toparse con el mismo obstáculo en su carrera profesional: su mejor amiga. Aquella otra mujer también era actriz, solo que a ella parecía sonreírle la
fortuna. Mi paciente hacía un trabajo espectacular, pero su
amiga tenía más glamur. No es que atrajese a algunos hombres, es que los atraía a todos. Ambas se presentaban a menudo a las mismas audiciones, pero la amiga siempre acababa
haciéndose con los mejores papeles.

—Tiene la vida que yo querría tener —solía decirme mi
paciente.

Durante bastante tiempo, consiguió ocultar sus celos,
hasta que un día arrancó el proceso de selección para escoger al elenco del episodio piloto de una serie de televisión.
Las dos optaban al mismo papel dentro de un reparto coral,
y, como era habitual, la amiga acabó llevándose el gato al
agua. Pese a ello, ninguna de las dos estaba contenta, y mi
paciente a duras penas consiguió seguir ocultando su envidia. La amiga quería aparecer en una serie como única protagonista y sentía que el papel que le habían dado no estaba
a su altura. Entonces sucedió algo que, al rememorar aquella
historia, parecía ser obra de la mano divina. Antes de que se

emitiera este primer episodio, a la amiga le ofrecieron enca-
bezar el reparto de otra serie, por lo que mi paciente pasó a
ocupar su puesto.

Aun así, la cosa no quedó ahí, ya que mi paciente empezó a estar más resentida que nunca con su amiga. Entonces
le recordé que su deseo se había hecho realidad: había conseguido tener la vida de su amiga. No obstante, ella sentía
que se estaba quedando con las migajas. Su envidia se convirtió en una obsesión tan fuerte que le resultaba imposible
concentrarse en su nuevo papel, y a punto estuvo de perder
el trabajo. Estaba reaccionando como una niña que rompe
un juguete nuevo porque no es exactamente lo que quería.
Al final, decidió poner fin a la amistad y centrarse en su carrera, dejando a su amiga tan asombrada como apenada.

Nada más arrancar la temporada, el programa de su amiga
resultó un fiasco y dejó de emitirse, a diferencia de la serie de
mi paciente, que cosechó un gran éxito. Tanto ella como el
resto del elenco se convirtieron en grandes estrellas. Con todo,
el estrellato no era para nada como ella se lo había imaginado.
Empezó a obsesionarse con su apariencia, a sentir celos de sus
compañeros de reparto y a tener verdadero pánico a caer en
desgracia en los medios de comunicación. Además, lo peor de
todo es que ya no disfrutaba actuando. Pasado un tiempo, se
tomó un descanso, y su antigua amiga la llamó para felicitarla
por su éxito. Entonces, mi paciente le dijo: «Tu vida no es tan
fantástica como yo me pensaba». Lo que quería decir con
aquello es que, al haber ocupado su puesto en la serie, se había dado cuenta de que estar en los zapatos de su amiga no
era como ella se imaginaba. Malinterpretando aquellas palabras, la amiga le respondió que, en realidad, su vida había
cambiado para mejor, ya que aquel fracaso público le había per-
mitido llevar una vida más apacible y sentirse más cerca de la
gente. Aquella conversación devolvió a mi paciente a la reali-

dad y, a raíz de aquello, empezó a esforzarse para recuperar tanto su vida como a su amiga.

Mi paciente tenía motivos lógicos para sentir celos. Pero ¿por qué se sintió tan infeliz cuando al fin obtuvo lo que deseaba? Lo cierto es que la satisfacción no tiene nada que ver con lo que tenemos o dejamos de tener. Nuestra felicidad solo depende del mundo en el que elegimos vivir: está el mundo donde existe la vida real, y luego está el mundo inferior de la carencia. La elección reposa en nuestra mentalidad. La envidia nos arrastra al mundo inferior. Envidiamos lo que tienen los demás, y esto no solo comprende los aspectos materiales como un coche, una casa o el dinero, sino también otros más intangibles como la fama, la belleza o las relaciones. En cuanto envidiamos algo, damos por hecho que se trata de un bien escaso. Y, en este mundo de escasez, es natural que compitamos entre nosotros. Imagina una fiesta con seis invitados y solo cinco trozos de tarta: está claro que alguien se quedará sin comer. La envidia es lo que arrastró a mi paciente a semejante estado, en el que no podía confiar en nadie. Aquello le provocó un bloqueo creativo e hizo que acabara perdiendo la confianza en sus dotes de actuación. No había éxito que le permitiese levantar cabeza: tenía que cambiar de mentalidad.

Ese mundo de abundancia en el que todo fluye es algo que debemos sentir en nuestro interior. Y ahí no hay escasez porque las fuerzas superiores nos permiten crear sin cesar. Ahora visualiza la misma fiesta de antes, pero esta vez imagina que, cada vez que alguien toma un pedazo de tarta, se crea una nueva porción. En este caso, la envidia carece de sentido, pues todo el mundo puede comer a voluntad. Solo hay que tener algo en cuenta: que el mundo superior no deja de moverse. Y, para seguirle el paso, tienes que seguir avanzando en tu propia vida, pero no en cualquier dirección. Cada uno de nosotros tiene una trayectoria vital predeterminada, y recorrer ese camino implica retos, algunos de ellos muy dolorosos. Sin embargo, necesitamos esos retos para aprender a conectar con algo más grande que nosotros mismos.

Dado que todos somos diferentes, cada cual tiene un camino del todo singular para llegar a ese mundo superior. La amiga de mi paciente necesitó que su serie fracasara para conseguir vislumbrar ese sendero; solo entonces descubrió algo más grande que su propio ego. La lógica no te permite comprobar que estás en el camino correcto, pero hay una forma de vivir que te permite sentir su trazado. La clave reside en entrenarte para sentir que lo que quiera que esté sucediendo en un momento dado es lo que se supone que debe suceder, aun cuando no se corresponde con lo que crees que quieres. Cada acontecimiento de tu vida tiene una relevancia personal porque te atañe única y exclusivamente a ti. Percibir este sentido vital es lo que nos brinda la fuerza necesaria para dar el siguiente paso en nuestro camino, que es lo único que está bajo nuestro control.

La envidia nos impide avanzar porque hace que nos resulte imposible percibir nuestro sentido vital. Cuando envidias a alguien, el mensaje que te estás mandando a ti mismo es que preferirías su camino al tuyo, por lo que tu propio camino y vida pierden todo su sentido. En otras palabras, la envidia va más allá de codiciar las posesiones ajenas. Lo que en verdad impulsa un sentimiento así es la suposición de que la otra persona está viviendo en un mundo diferente, en el que no existe ni la adversidad ni la incertidumbre que encuentras en tu propio camino. Las posesiones ajenas —como un físico más atractivo, un coche más grande o un trabajo mejor— se convierten entonces en símbolos mágicos de su capacidad para vivir de acuerdo con una serie de reglas más favorables. Pero se trata de una simple ilusión. No hay ser humano, por muchas posesiones que tenga, que sea inmune a la adversidad o la incertidumbre. Aun así, cuesta resistirse a semejante fantasía. Nos hemos rodeado de una cantidad de riqueza sin precedentes en la historia de la humanidad, lo que ha desencadenado una epidemia de envidia de la que nadie habla. Hasta los nuevos ricos se han visto afectados, pues a muchos de ellos los corroe la envidia al ver a quienes tienen incluso más posesiones que ellos.

La envidia tiene la capacidad de convertirse en algo más que un simple obstáculo, pudiendo llegar a ser peligrosa. Y es que, cuando nos desviamos de nuestro propio camino, perdemos nuestra identidad individual y sufrimos una muerte espiritual. Solo hay una fuerza lo suficientemente poderosa como para obligarnos a dejar a un lado a las personas que envidiamos y devolvernos a nuestro propio camino. Y esa fuerza no es otra que el amor, pues su naturaleza es la aceptación. Cuando envías amor a alguien a quien envidias, estás aceptando el hecho de que esa persona tenga algo que tú no. Es un recordatorio de que lo que quiera que tenga es parte de su camino y no tiene nada que ver contigo. Entonces dejas de buscar satisfacción en el mundo de los objetos. Todo esto es posible gracias al simple acto de enviar amor, puesto que hacerlo te coloca de manera automática en el mundo superior. Todo gesto de amor te proporciona una sensación de plenitud que te llena y alivia tu obsesión por lo que no tienes.

Algo que suele objetar la gente a la hora de enviarle amor a alguien que envidia es: «Pero, si esa persona me cae mal, ¿cómo puedo enviarle amor?». La respuesta es que el amor no equivale a aprobar a la otra persona; es una fuerza superior que puedes aprender a generar a voluntad en tu propio beneficio. La herramienta que te permite hacer algo así se llama amor activo, como ya vimos en uno de los capítulos anteriores. En este sentido, cabe decir que lo denomino precisamente *activo* porque se requiere cierto esfuerzo para irradiar amor en circunstancias en las que no te surge de manera natural. En primer lugar, debes concentrarte para visualizar el amor como una energía física que se extiende a tu alrededor. Luego, atrae esa energía hacia ti y siente cómo se concentra justo en tu corazón. El segundo paso es lo que se denomina la transmisión. Visualiza a la persona que envidias y mándale la energía que has concentrado en tu corazón. Siente la energía viajando hacia ella. No te guardes nada. Por último, recuerda lo más importante: debes hacer un esfuerzo no solo por ver la energía entrando en la otra persona, sino por sentir cómo lo hace. Por unos instantes, el amor permite que seáis uno. Es como cerrar un circuito: nada más entrar en el mundo superior, te invadirá una sensación de fluidez y dejarás de preocuparte por lo que los demás tengan. Solo entonces podrás quitártelos de la mente, volver a centrarte en ti y dedicar tu energía a dar el siguiente paso en tu propio camino.

Cómo amarse a uno mismo

TENGO UN AMIGO que se dedica a dar clases de interpretación y ha formado a muchos de los grandes nombres de Hollywood. Una noche estábamos hablando de la razón por la que algunos actores alcanzaban el estrellato, mientras que otros no, pese a tener el mismo talento. ¿Acaso cabía atribuir algo así al capricho de los dioses? ¿O se trataba de una carambola del destino? Entonces, mi amigo afirmó que, si le ponías delante de un grupo de jóvenes actores con talento, era capaz de predecir cuáles de ellos saltarían a la fama. Yo me eché a reír y le pregunté desde cuándo tenía poderes psíquicos. Sin embargo, hablaba muy en serio: estaba convencido de que lo que determinaba el éxito o el fracaso de un actor era un rasgo muy específico de su carácter. La clave estaba en la manera que tenía cada uno de ellos de enfrentarse a las audiciones. Dado que por mi consulta han pasado muchos actores, sé de buena tinta lo difíciles que son las audiciones. Tienes que entrar en una sala llena de extraños y desnudar tu alma en el momento justo. Dispones de cinco minutos para impresionarlos, y créeme cuando te digo que no es tarea fácil. De hecho, es una de las cosas más difíciles del mundo. No hay actor al que le gusten las pruebas de selección, pero algunos las llevan mucho mejor que otros. Según mi amigo, las estrellas formaban parte de ese grupo. Su teoría se basaba en que todos ellos, por diferentes que fuesen, tenían un denominador común. El secreto no residía en lo bien que se preparaban para la prueba, sino en su forma de reaccionar una vez que salían por la puerta. A diferencia de la mayoría de sus colegas, nunca se fustigaban. Aun cuando la prueba les había ido de pena, encontraban la forma de decirse a sí mismos que lo habían hecho bien. Como decía mi amigo: «Fustigarse no estaba en sus genes». Su explicación me pareció de una lógica aplastante. Imagina a un boxeador que, al terminar el combate, se va directo al vestuario y empieza a darse golpes en la cara. Lo lógico es que no quiera seguir peleando mucho más tiempo, ya que el proceso es demasiado intimidante. Cuando un actor se trata con amabilidad al salir de una prueba, ya se está preparando para la siguiente. Dicho de otro modo, el actor de éxito se centra en la única variable que está bajo su control: su reacción ante sí mismo.

La vida moderna es una gran actuación. Nos medimos en la escuela, en el trabajo, con nuestros amigos, como padres... Las redes sociales no hacen más que agravar esta situación, bombardeándonos continuamente con la perfección hecha imagen. La cuestión es que somos más bien pocos los que nos parecemos a los actores de éxito que describió mi amigo. Nos juzgamos de manera brutal y acabamos pensando que no estamos a la altura. Cada vez que cometemos un error o caemos en un mal hábito, estamos entrenados para corregir lo sucedido castigándonos a nosotros mismos, lo que solo empeora las cosas; todo para que, al día siguiente, acabemos rebelándonos contra la dureza de nuestros propios estándares. Reaccionamos como un adolescente que desafía a un padre severo; solo que, en este caso, los padres somos nosotros. Y, cómo no, nuestra rebelión acaba materializándose en el mismo comportamiento que tan duramente juzgamos el día anterior. Es la pescadilla que se muerde la cola.

Castigarnos a nosotros mismos por sistema nos hace sentir inferiores en las profundidades de nuestro ser, lo que mina nuestra confianza para emprender nuevos proyectos. La mayoría de las personas aceptan este hábito y el daño que les causa alegando que son así. Pero lo cierto es que no tienen por qué serlo. Cualquiera puede romper este ciclo destructivo practicando lo que conocemos como el amor propio. Todo el mundo ha escuchado alguna vez este término, que se utiliza a diestro y siniestro en programas de entrevistas y libros de autoayuda. Debo confesar que siempre le he tenido algo de tirria, pues me parecía una expresión edulcorada y sensiblera que connotaba un estado de bienestar difuso totalmente alejado de la realidad. En mi cabeza, el amor propio formaba parte de aquellos conceptos psicológicos biensonantes que están en boca de todos, pero que carecen de la especificidad necesaria para llevarte a alguna parte.

Tardé años en descubrir el verdadero significado del amor propio. Solo ahora puedo ver que es el factor más poderoso en el desarrollo humano. El amor propio es el proceso por el cual aceptas la parte más inferior de tu propio ser. Cualquiera puede aceptar lo mejor de sí mismo; eso es pan comido. Lo difícil es aceptar la parte de nosotros mismos que nos avergüenza: esa sombra que Jung definió como aquello que la persona no desea ser, pero de lo que no consigue librarse. Puede tratarse de tu estatura, tus orígenes, tu expediente universitario o tu alcoholismo. A la postre, los detalles nunca tienen importancia. Los seres humanos ocupan un frágil lugar temporal en el universo, por lo que es lógico que nos sintamos inferiores. Esto es algo que intentamos ocultar al mundo —y ocultarnos a nosotros mismos— mediante una fachada. Por eso, nos compramos el coche adecuado, tratamos de tener el cuerpo adecuado y enviamos a nuestros hijos a las escuelas adecuadas. Sin embargo, en cuanto la fachada se viene abajo

—y siempre acaba haciéndolo—, arremetemos contra nosotros mismos. La autocrítica no es más que nuestra forma de
reaccionar ante el hecho de no estar a la altura de las ilusiones
que nos hemos hecho sobre nosotros mismos. Con todo, estos
fracasos son en verdad los momentos más importantes de
nuestra vida, pues es cuando nuestra sombra se abre paso. El
amor debería surgir de los errores y fracasos. Si aprendemos a
amar a nuestra sombra en esos momentos, nos volvemos seres
completos y adquirimos la confianza que nace de aceptarnos
a nosotros mismos.

Este es un ejercicio que te ayudará a romper el hábito de
la autocrítica y a comenzar a amarte a ti mismo; tan solo te
llevará unos segundos. Para empezar, trata de imaginar una
versión inferior de ti mismo, un *alter ego* que reúna todas tus
debilidades y fracasos. Tu sombra puede presentarse como
una versión más joven y dependiente de ti mismo. Rememora un momento de tu vida en el que te sentiste inferior, rechazado o inseguro, pero no te preocupes por la apariencia
que adquiera tu sombra. Conforme vayas repitiendo este
ejercicio, suele cambiar de aspecto. Lo importante es visua-
lizarla como si fuese real, como si estuvieses frente a un ser
vivo de verdad. Si presenciar esa imagen te genera incomo-
didad, es que vas por buen camino. Acto seguido, acepta esa
parte de ti de manera incondicional. Solo el amor es capaz
de algo así. Siente cómo tu corazón se expande e irradia amor
puro hacia tu sombra. Si dispones de algo más de tiempo, puedes incluso imaginarte abrazando a tu sombra o diciéndole
algunas palabras reconfortantes. Esto es algo parecido a lo
que hacemos cuando consolamos a nuestros hijos; debemos
amarnos a nosotros mismos con la misma intensidad. Aunque pueda parecer una cursilería al principio, si lo pones en
práctica con regularidad, te sorprenderá lo real que puede
volverse la experiencia.

El amor propio tiene el poder de hacer que tu vida dé un giro de ciento ochenta grados: las reacciones ajenas te afectan menos, tomas más riesgos, vas más relajado por la vida y, cuando tienes un tropiezo, te levantas mucho más rápido. Ahora bien, este poder no se consigue así como así. No basta con comprender lo que es el amor propio ni con usar la herramienta anterior unas cuantas veces. Practicar el amor propio requiere una gran disciplina. En California, donde yo vivo, se ha criticado mucho que en un gran número de escuelas se fomente la autoestima. Quienes critican esta corriente educativa afirman que lo que se les está enseñando a los niños es que sentirse bien con uno mismo es más importante que el esfuerzo, lo que a la práctica acaba justificando una total ausencia de estándares. Aunque tal vez estén haciendo una montaña de un grano de arena, tienen toda la razón al no querer que la autoestima se venda como una alternativa a la disciplina. La verdadera práctica del amor propio es todo lo contrario. El amor propio y la autoestima que de él se deriva no pueden existir sin disciplina.

El amor propio no tiene nada que ver con tirar la toalla y decirse a sí mismo que no pasa nada. Eso equivale a entrar en negación. Aceptar tus fracasos no sirve de nada si antes no has hecho ningún tipo de esfuerzo. Cuando la pereza te impide comprometerte con la vida, no dispones de la energía que exige el verdadero amor propio. Quererse a uno mismo tampoco equivale a mirarse el ombligo. De hecho, las personas narcisistas son del todo incapaces de aceptar y amar a su sombra, pues necesitan que el exterior les preste atención todo el tiempo para estar seguros de que no tienen ningún defecto. Les falta tanto el valor para admitir sus debilidades como la disciplina para aprender a aceptarlas. De hecho, el narcisismo es una forma de pereza espiritual. Todo amor —pero en especial el amor propio— requiere trabajo.

Aprender a amar las partes de ti que no te gustan exige un tremendo esfuerzo.

No obstante, cuando haces esa clase de trabajo, obtienes una increíble recompensa: tu corazón se abre. Este órgano te permite hacer cosas que tu cabeza no. Cuando te ensañas contigo mismo, te quedas atrapado en la mente, presa de tus juicios. Vives en un mundo tremendamente limitado, que no te deja ver por completo tu propio potencial. En cambio, el corazón funciona a base de amor, y no de juicio. El amor no conoce límites, por lo que te otorga el poder de realizar cualquier cosa. Cuando experimentas el verdadero amor propio, no hay nada capaz de detenerte.

Dejar los juicios a un lado

HACE AÑOS, TRATÉ A UN HOMBRE que aspiraba a convertirse en director de cine sin ser ya tan joven. Con sus casi cuarenta años, seguía llevando la misma ropa ancha y la misma media melena que llevaba años atrás, cuando el estilo *grunge* era el no va más. Su carrera estaba tan atrapada en el pasado como su aspecto. En vez de dedicarse a desarrollar ideas para sus historias, se pasaba el día recorriendo las calles de Los Ángeles sin rumbo fijo mientras observaba a la gente. No había persona a la que no le sacara defectos. Estaba todo el tiempo absorto en un diálogo interno en el que juzgaba de manera implacable los coches de la gente, su aspecto, sus modales, e incluso la vida que él creía que llevaban. Mientras daba vueltas en coche, se sentía a años luz de aquel terrible mundo que no dejaba de juzgar. La única vida que escapaba a la quema era la suya.

Sin embargo, no podía decirse que le fuese precisamente sobre ruedas. Había dirigido una película años atrás, cuando todavía se le consideraba alguien con potencial. No obstante, en Hollywood esa etapa nunca dura demasiado, pues siempre hay una nueva promesa dispuesta a lanzarse al ruedo. Después de su primera película, recibió varias ofertas, pero las rechazó todas, ya que consideraba que ninguna de ellas estaba a la altura de la grandeza que él atribuía a su trabajo. No solo era extremadamente crítico con cada guión que le llegaba, sino que también arremetía sin compasión contra el trabajo de los demás cineastas, sobre todo si los consideraba sus rivales. Como era de esperar, dejaron de lloverle las ofertas. Sus amistades y agentes trataron de hacerle entrar en razón, pero estaba decidido a no poner en riesgo su *integridad*. Y así fueron pasando los años. Ahora ya no era joven ni genial; tan solo alguien que se había quedado solo con sus críticas.

Cuando empezó a venir a terapia, estaba arruinado. Bromeaba diciendo que estaba en la etapa de «dirigir por un plato de comida», pero estaba claramente desesperado. Incluso se le pasaba por la cabeza hacer lo impensable. Por primera vez en años, le ofrecieron un trabajo de dirección y estaba pensando en aceptarlo. Aquel proyecto distaba mucho de la película de calado que se veía haciendo: era una película de terror adolescente, justo la clase de película que no tardaba ni un segundo en despellejar. Sin embargo, lo cierto es que tenía suerte de haber recibido aquella oferta, y él mismo era consciente de ello. Aun así, en la consulta me decía:

—Pero mi mundo se vendrá abajo si acepto este trabajo.

—Pues es lo mejor que te puede pasar —le respondía yo.

Aquel hombre vivía en una fantasía. Se veía a sí mismo como un gran artista en un mundo especial. La realidad a su alrededor jamás podría estar a la altura de semejante ideal; de ahí que la criticara con tantísima dureza.

Es imposible funcionar en un mundo que rechazas. Incapaz de avanzar, correr riesgos o incluso tomar decisiones, aquel hombre se había quedado anquilosado. En una medida u otra, todos albergamos esta visión de un mundo en el que somos especiales y en el que el día a día no nos plantea ninguna dificultad. Pero eso pertenece al reino de la ilusión; no existe.

Corremos a cobijarnos en esa tierra de fantasía cuando nos vemos incapaces de lidiar con la realidad. Es entonces cuando se nos dispara la vena crítica. Y, con cada dura crítica, lo que estamos diciendo es que nos negamos a aceptar el mundo tal y como es, y preferimos quedarnos en nuestro mundo de ensueño. En definitiva, la crítica se basa en el miedo. El universo escapa a nuestro control, y en ocasiones nos suceden cosas impredecibles que no merecemos. Sin embargo, no existe ningún universo alternativo al que podamos retirarnos cuando las cosas no salen como queremos. Lo irónico del asunto es que la mayoría de nosotros nos tenemos por personas realistas debido a nuestro espíritu crítico, cuando en verdad nuestros juicios provienen de la incapacidad de aceptar la vida tal y como es.

—¿Acaso no puedo tener una opinión? —me preguntaba aquel hombre.

Por supuesto que podemos tenerla. El mundo tiene un sinfín de aspectos que distan de ser buenos; negar algo así sería peligroso y poco saludable. Pero ir por la vida con una actitud crítica va más allá de eso, pues implica que el objeto de nuestras críticas no debería siquiera existir. Cuando creemos saber qué debería y no debería existir en el mundo, estamos jugando a ser Dios. De alguna forma, estamos diciendo que nuestros juicios deberían dictar la naturaleza de la realidad, y que no hay nada más elevado que nuestros pensamientos. En el preciso instante en que nos creemos tan importantes, perdemos de vista algo más grande que nosotros mismos.

Cada juicio de valor que emitimos nos aleja un paso más de la vida. Las cosas que en verdad necesitamos saber y la inspiración para llevarlas a término nos llegan de un espacio que trasciende nuestra capacidad de entendimiento y que supera con creces nuestras mentes pensantes. El espíritu crítico tan solo nos aleja de esa inteligencia superior. En mi propia vida, muchas de las cosas que tenía como ciertas resultaron ser equivocadas. Hace muchos años, conocí a una mujer que yo *sabía* que no me convenía. Era egoísta, maquinadora y poco de fiar, así que trataba por todos los medios de evitarla. Pese a todo, ella seguía buscándome. Al cabo de unos meses, me presentó a alguien que resultó ser el amigo más cercano que jamás he tenido. Al echar la vista atrás, está bastante claro que una inteligencia superior la trajo a mi vida para que pudiese conocer a esa otra persona. Sin embargo, en aquel momento, me dejé cegar por mis juicios, convencido de que eran *correctos*.

El director de cine tuvo que aprender a las malas. Otro de sus malos hábitos consistía en ensañarse de manera especial con cualquiera que no considerara un artista. Sin embargo, hacer una película cuesta una fortuna, por lo que es básico contar con el respaldo de la gente que mueve el dinero. Una vez, recuerdo que mi cliente la tomó con uno de los ejecutivos del estudio por no pertenecer al mundillo artístico. No sentía que aquel hombre entendiera su visión, así que se negaba a dirigirle la palabra. Aquello alimentó el miedo del ejecutivo a tener un director fuera de control, así que hizo lo necesario para que lo despidiesen. En ese momento, le animé encarecidamente a disculparse con el ejecutivo y a mantener una relación regular y cordial con él. Tras poner el grito en el cielo, entendió que era la única forma de recuperar su trabajo, y acabó superando sus juicios y tratando al ejecutivo como a un ser humano. Nada más acabar la película, recibió, para su asombro, una nueva oferta de trabajo, que procedía ni más ni menos que de un amigo del ejecutivo, quien ahora cantaba las alabanzas del director. Después de aquello, él mismo me dijo:

—Supongo que me equivoqué con él, y casi con todo lo demás.

Este fue su primer paso hacia la sabiduría.

El juicio es eso que ya *sabes*: eso que te viene a la mente a raíz de tus experiencias pasadas. Esas ideas que tanto atesoramos nos hacen sentir que tenemos razón. Pero no hay mayor consuelo de tontos. La sabiduría no tiene nada que ver con estar en lo correcto; es el estado que te permite crear el futuro con la ayuda de una inteligencia superior a la tuya. Y los juicios no hacen más que alejarnos de dicho estado.

El oráculo de Delfos le dijo al antiguo filósofo griego Sócrates que era el hombre más sabio sobre la faz de la Tierra. Sin embargo, Sócrates se había pasado muchísimo tiempo convencido de que el cúmulo de todo su saber era insignificante. ¿Cómo podía ser él el hombre más sabio de la Tierra? Sin entender nada, entrevistó a todos los hombres sabios que pudo encontrar para poner a prueba el conocimiento de todos ellos. Tras pasarse años haciendo esto, se dio cuenta de que, en efecto, él era el hombre más sabio sobre la faz de la Tierra, pues era el único capaz de admitir que no sabía nada.

Renunciar a tener la razón exige muchísimo esfuerzo. Y es que nuestros egos son adictos a su propia arrogancia. La clave está en cortar en seco nuestros juicios tan pronto como los emitimos. Te animo a probarlo. En este preciso instante, sé lo más duro que puedas con alguien. Siente cómo te sumes en esa maraña mental que te hace perder el mundo de vista. A continuación, deja ir todos esos juicios. Siente cómo tu mente se relaja y tu corazón se abre, y deja que este se expanda aún más. Experimenta el gozo que hay en ello. ¿Acaso no sería la vida mejor si la viviésemos en ese estado de apertura?

No perder el norte

EL 14 DE SEPTIEMBRE DE 2001, tres días después del ataque al World Trade Center, recibí la llamada de un antiguo cliente. No me llamaba porque se sintiese abrumado por el miedo o la pena, aunque lo cierto es que había mucho de eso en él. Había caído en un estado de letargo del que era incapaz de salir, lo cual era todo un problema para él, ya que dirigía una empresa con más de cinco mil empleados a su cargo que esperaban su liderazgo.

—Soy incapaz de centrarme en los negocios. De repente, me parece que no tiene ningún sentido —me decía.

Su propia inercia le estaba sumiendo en una depresión, pero no sabía cómo enfrentarse a ella. Le expliqué que su reacción era del todo natural; a todos los estadounidenses les estaba costando concentrarse en su trabajo.

—¿Crees que los criminales que nos atacaron pueden destruir físicamente Estados Unidos? —le pregunté.

—Por supuesto que no —me dijo sin dudar ni un segundo.

—Entonces, ¿qué es lo que pretenden? —continué diciéndole.

Él se paró a reflexionar unos instantes.

—Destruir nuestra forma de vida —respondió.

—¿Y cómo podrían conseguir algo así? —le pregunté.

Al otro lado del teléfono se hizo el silencio durante unos segundos.

—Distrayéndonos tanto que no podamos continuar con nuestras vidas.

Para la mayoría de nosotros, el mal es una experiencia abrumadora, sobre todo cuando nos toma por sorpresa. Hace que nuestras identidades se tambaleen y que nuestras metas y actividades cotidianas nos parezcan insignificantes. Desprovistos de confianza, nos sumimos en un letargo que nos paraliza. Ese —y no acabar con la vida de aquellas víctimas— era el objetivo final de quienes nos atacaron. Como no podían aniquilarnos físicamente, su objetivo se centró en aniquilar nuestras mentes.

Aquel 11 de septiembre el mundo cambió; pero no por la magnitud de la tragedia, sino porque nos quedó grabado en la retina que nunca íbamos a dejar de afrontar peligros y que nunca llegaría el día en que derrotásemos al enemigo y volviésemos a sentirnos *seguros*. En gran medida, Estados Unidos llevaba mucho tiempo sin conocer el mal de primera mano. El 11-S nos obligó a aceptar que el mal siempre va a estar ahí. Y no podemos reaccionar ante semejante realidad perdiendo los estribos y cualquier ápice de esperanza. No podemos soñar con la idea de que el mal vaya un día a desaparecer; debemos aceptar su existencia y lidiar con él.

Ahora bien, ¿por qué deberíamos seguir con nuestro día a día cuando el mal puede asestar un duro golpe en cualquier momento? Precisamente porque jamás va a desparecer, debemos poder seguir adelante con nuestra vida aun cuando este haga aparición. Si nos quedamos esperando el día en que estemos a salvo de cualquier mal, nos quedaremos esperando toda la vida. Esto siempre ha sido así, pero hasta el momento hemos podido negarlo. Podemos destruir a quienes nos atacan, pero no al mal en sí.

La victoria sobre el mal solo se logra cambiando nuestra forma de reaccionar ante él. Se trata de una cuestión espiritual. Una vez que has mirado al mal a los ojos, resulta imposible seguir adelante con tu vida sin mantener algún tipo de conexión con las fuerzas superiores. Cuando el mal es lo que nos inspira a encontrar semejantes recursos internos, acaba convirtiéndose en nuestro maestro espiritual. De este modo, el mal pasa de ser una fuerza que hace que tus metas parezcan insignificantes a una que te empuja a alcanzarlas. Esa fuerza no solo es capaz de volverte invencible a ti, sino que también puede volver invencible a una nación entera cuando el pueblo en su totalidad es capaz de comprenderlo. Por el contrario, cuando no desarrollamos una reacción positiva ante el mal, nos quedamos paralizados.

¿Cómo podemos conectar con esas fuerzas superiores para volvernos invencibles? La clave está en la oración y la devoción, pero también en otra cosa igual de crucial que lo anterior: la disciplina. Esta crea una estructura invisible en tu vida, que atrae y retiene las fuerzas superiores. Si las fuerzas espirituales fuesen como la fruta que encontramos en un huerto, esa estructura invisible sería la caja que emplearíamos para llevárnosla a casa.

Una forma de recordar el poder que tiene esa caja de disciplina consiste en dibujar un cuadrado en un pedazo de papel. A continuación, haz un círculo alrededor del cuadrado, pero que no sea perfecto; dibújalo con un trazo irregular. Es importante que el círculo no toque ningún punto del cuadrado. En este diagrama, el cuadrado representaría la estructura invisible que crea la disciplina, y el círculo, todas las distracciones del mundo exterior que pueden alejarte de tu disciplina, como las amistades equivocadas, la adicción al alcohol, la comida basura o la televisión. Puedes distraerte con cualquier cosa que te obsesione, como una relación conflictiva, determinados temas económicos o el miedo —en definitiva, con todo aquello que en ese momento te parezca más importante que tu propio camino—. Cuando evitas que el círculo toque el cuadrado, no estás dejando que el mundo exterior arrase con tu disciplina. El cuadrado es la fuente de la que emana una fuerza imparable que te conduce hacia tus metas.

Para no perder el norte, se necesitan tres tipos de disciplinas diferentes. El primer tipo se denomina **disciplina estructural** y abarca todas aquellas actividades que son cotidianas, como comer, dormir o hacer ejercicio. El objetivo es mantener un ritmo constante en tu vida, lo cual te conecta con las fuerzas superiores por el simple hecho de que el universo posee un funcionamiento rítmico. Vivir cada día siguiendo una estructura organizada le enseña al ego a doblegarse ante algo más grande que sí mismo: el tiempo. Para salir de un estado de letargo, lo primero que hay que hacer es volver a implantar un marco estructurado en tu vida diaria.

El segundo tipo se conoce como **disciplina reactiva** y consiste en la capacidad de controlar tus reacciones frente a todo lo que te va sucediendo a lo largo del día. Si eres adicto al azúcar y alguien te ofrece una galleta, necesitas disciplina reactiva para rechazarla. Si vas conduciendo y otro vehículo se te cruza delante, necesitas disciplina reactiva para evitar montar en cólera. Cuando pierdes los estribos, caes bajo el influjo del mundo exterior y dejas de estar en contacto con las fuerzas superiores, que solo residen en tu interior.

El último tipo de disciplina que necesitas es la denominada **disciplina expansiva**, que se refiere a todas aquellas acciones que debes obligarte a hacer con tal de expandir tu vida. Haciendo un paralelismo con el mundo de los negocios, sería algo así como ampliar tu base de clientes o tu red de contactos. La disciplina expansiva también comporta adoptar una actitud proactiva a la hora de desarrollar nuevas ideas y emprender proyectos creativos. En el ámbito personal, este tipo de disciplina implicaría entablar nuevas amistades o realizar actividades que antes no hacías. La mayoría de las personas evitamos la expansión debido a la ansiedad e incertidumbre que comporta hacer cosas nuevas. Forzarnos a salir de nuestra zona de confort requiere disciplina. El universo está en constante expansión y, para mantenernos conectados con sus fuerzas superiores, debemos seguirle el paso.

Vivir dentro de los límites de esa caja de disciplina tiene unos beneficios descomunales. Cuando lo hacemos, nos parece que la vida tiene más sentido y podemos desarrollar la fuerza necesaria para alcanzar nuestras metas. Sin embargo, la mayoría de nosotros nos encontramos aún en un estadio espiritual muy temprano, y nos negamos a llevar una vida que no sea fácil. Para alcanzar la perseverancia necesaria para construir semejante caja de disciplina, necesitamos una nueva filosofía que guíe nuestra vida. A continuación, encontrarás las virtudes espirituales que son esenciales para seguir adelante con tu vida hoy en día.

La humildad

Al ego le encantan los grandes gestos dramáticos que parecen cambiar el futuro como por arte de magia, puesto que le confiere una sensación de poder. La verdadera disciplina es todo lo contrario: se compone de un sinfín de pequeños pasos que por sí solos pueden parecer insignificantes. El ego debe someterse a una cura de humildad para seguir un rumbo productivo.

El anonimato

A todos nos gusta recibir reconocimiento y alabanzas por cada esfuerzo que realizamos. En ese sentido, somos como niños que necesitan la constante aprobación de sus padres a cada paso que dan. Esta necesidad nos impide llevar una vida disciplinada. La caja de disciplina se compone de un millón de pequeños pasos, la mayoría de los cuales pasan totalmente inadvertidos a ojos de los demás. Cuando te resulta imposible proseguir tu camino de forma anónima, te vuelves espiritualmente débil, ya que lo más seguro es que acabes tirando la toalla si no cuentas con la validación que tanto anhelas.

La ignorancia

Cuando empezamos a hacer algo que exige un esfuerzo colosal, está en la naturaleza humana querer conocer con exactitud lo que obtendremos a cambio y cuándo lo obtendremos. La verdadera fortaleza radica en ser capaz de iniciar una serie de acciones aun desconociendo lo que saldrá de ahí. La actitud espiritual que se requiere es la de centrarnos en la tarea que nos ocupa, lo que significa que asumimos la responsabilidad de continuar con el proceso al margen de la recompensa que obtengamos.

La pobreza

Las cosas materiales, una vez construidas, duran hasta que son destruidas. La caja de disciplina no es algo material, pues se compone únicamente de las acciones que emprendes. Y tampoco importa lo disciplinado que fueras ayer: las paredes de la caja se desmoronan si hoy no te riges por la misma disciplina. En este sentido, cada mañana te despiertas con el contador a cero. No tienes absolutamente nada hasta que reconstruyes la caja con tu manera de proceder disciplinada. Cuando aceptas esto, te comprometes a realizar un esfuerzo que jamás llegará a su fin.

Regirte por estos principios te infunde la fuerza necesaria para seguir adelante pese a las grandes adversidades. El 11-S debería inspirarnos justamente a tomarlos como nuestra guía vital.

Eres tan libre de irte como de quedarte

PERSONALMENTE, CREO EN EL MATRIMONIO, aunque no conseguí convencer de ello a un amigo mío durante una acalorada discusión que tuvimos. Él estaba firmemente convencido de que nos estábamos alejando demasiado de los valores tradicionales. Para ser más precisos, creía que habíamos perdido la noción de que el matrimonio es un compromiso sagrado. Esto es algo que achacaba, por encima de todo, a nuestra dependencia de la terapia.

—Básicamente, el psiquiatra autoriza a las personas a eludir sus responsabilidades —me dijo con un tono que me hizo sentir personalmente responsable de la alta tasa de divorcios en Estados Unidos.

Yo le expliqué que hacer terapia a parejas casadas era como dedicarse a luchar contra el terrorismo para la CIA: los éxitos pasan totalmente desapercibidos, mientras que los fracasos acaparan toda la atención. Poder ayudar a la gente a hacer que sus relaciones funcionen es algo que me llena de orgullo. Los clientes que, después de la terapia, deciden romper su relación a menudo se encuentran en situaciones de abuso, o irresolubles desde el primer momento. Lo cierto es que la única forma que tenían esas personas de aprender a tener un matrimonio que funcionase era abandonando el que tenían.

A la práctica, ya no basta con tener una determinada ideología. Vivimos en una era espiritual centrada en el libre albedrío, en la que existe una tremenda inercia que nos impulsa a avanzar de manera individual. En este contexto, el progreso espiritual de cada persona es más importante que nunca. La gente ha dejado de hacer las cosas porque alguien se lo mande, y cada cual quiere vivir dejándose guiar por lo que siente que es lo correcto.

No puedo convencer a la gente de que trabaje en su matrimonio; solo puedo ayudarla a conectar con su propio poder. Este poder surge de desarrollar una cualidad personal muy específica, que paradójicamente es la misma cualidad que hace que resulte más fácil *salir* de una relación y no tardar demasiado en superarla. El caso es que, a veces, la única forma de desarrollar semejante poder es poniendo fin a una relación. El término que mejor describe esta cualidad es *independencia emocional*, lo que significa que tienes una vida y una identidad que no dependen de nadie más.

Ser emocionalmente independiente no significa que no te importen los demás o que no los necesites; solo que no dejas en sus manos lo que solo tú puedes darte. La forma más fácil de entender lo que es la independencia emocional consiste en observar a quienes carecen de ella. A veces llegan a mi consulta nuevos pacientes porque son incapaces de superar el fin de su matrimonio. Cuando les pregunto por el tiempo que hace de ello, hay quienes me responden que cinco años. Este tipo de respuestas es tan frecuente que ya ni me sorprende. Lo que experimentan estas personas no es el típico dolor que acompaña a una pérdida. Al fin y al cabo, no hay nadie en el mundo que valga tanto la pena como para echar por la borda varios años de tu vida. Lo que han perdido es algo mucho más importante: se han perdido a sí mismas. Como su identidad dependía por completo de su pareja, en cuanto el matrimonio se rompe, pasan a sentirse un don nadie.

Como ya mencioné antes, la verdadera identidad requiere un movimiento de avance constante en un mundo doloroso y aterrador. Se trata de una gran responsabilidad, que a algunas personas les viene demasiado grande. Las personas así ven a su pareja como una figura mágica capaz de crearles una identidad, liberándolas así de las dificultades de la vida. Ponen su propia vida en espera para centrarse exclusivamente en la otra persona cual polilla volando alrededor de una llama. Lo más pernicioso de todo ello es que confunden la dependencia con la verdadera intimidad. Entonces, cuando pierden a ese compañero mágico, les parece imposible reemplazarlo. Y de hecho lo es, porque para empezar nadie tiene poderes mágicos.

Cuando alguien así empieza a ir a terapia, el atolladero en el que se encuentra pasa a convertirse en una oportunidad de oro para desarrollar su independencia emocional, muchas veces por primera vez en su vida. Estas personas suelen aceptar esta línea de acción como la única forma de superar su ruptura y, como se sienten solos, se muestran dispuestos a asumir el trabajo. Una vez finalizado el proceso, descubren algo sorprendente: que la independencia que necesitan para superar su última relación es justo lo que contribuye a garantizar el éxito de la siguiente. Esa independencia recién encontrada cambia el tipo de personas que atraen, la forma que tienen de verlas y el modo de comportarse frente a ellas.

El desconcierto inicial es inevitable. Después de todo, estas personas trataban de hacer funcionar sus relaciones renunciando a su independencia. Pero veamos ahora la clase de comportamientos que tienen las personas dependientes cuando están en pareja. Para empezar, como se definen a sí mismas a través de la otra persona, son hipersensibles a las reacciones de esta. Esto las lleva a tratar de controlar tales reacciones, lo que suelen hacer reprimiéndose, exigiendo demasiado, o alternando entre ambas cosas. Cuando sus esfuerzos no dan resultado, se sienten heridas y optan por retirarse o atacar. Todo esto saca a relucir lo peor de la otra persona, lo que acaba siendo fuente de problemas. Detrás de tantos fuegos artificiales hay poca conexión real.

La independencia es lo único que nos permite conectar de verdad con los demás. Cuando alguien tiene su propia vida e identidad, es menos probable que reaccione a la primera de cambio frente a su pareja; la relación sigue siendo importante, pero ya no es una cuestión de vida y muerte. Esto crea un espacio entre ambas personas que actúa como si fuese una especie de amortiguador, lo que permite que el conflicto no escale con tantísima rapidez. En ese espacio de calma es donde puede darse la verdadera intimidad. Al mismo tiempo, la independencia es un rasgo que vuelve a la persona más atractiva. Y es que no hay nada que resulte más atractivo que tener una vida propia. La independencia también te proporciona algo más: claridad de visión. Cuando necesitas a alguien con desesperación, tus esperanzas y temores crean una neblina a su alrededor, que te impide ver la realidad de quien es. Por eso es tan habitual que la gente abra los ojos un buen día y, de pronto, se vea inmersa en una mala relación sin saber cómo ha podido llegar hasta allí. Adquirir independencia es como limpiarte las gafas: de repente puedes ver el mundo. Eso te permite, al fin, elegir a alguien con quien puedes tener, en términos realistas, un matrimonio que funcione.

El problema estriba en que la mayoría de las personas no tienen ni idea de cómo desarrollar su propia identidad. La independencia no es algo que se consiga enfadándote con tu pareja, rebelándote contra ella o criticándola con dureza, pues todas esas reacciones siguen estando centradas en la otra persona. La independencia emocional es un proceso que requiere trabajo.

Gestionar las emociones negativas

La persona dependiente no dispone de ningún plan para lidiar con su propio dolor. En cuanto siente una emoción desagradable, vuelve la mirada a su pareja para dejar de sentir lo que está sintiendo. Esto le da a la otra persona demasiado poder e, incluso cuando funciona, hace que la persona en cuestión se sienta infantilizada y desvalida. Ser una persona independiente implica poder lidiar, por tus propios medios, con la soledad, los sentimientos dolorosos, los momentos de desánimo y el miedo. Tener esta capacidad no impide que puedas pedir ayuda a los demás; tan solo quiere decir que tú eres la primera persona a la que recurrir. Hay una diferencia abismal entre vomitarle a tu pareja toda tu basura emocional y tratar de tomar las riendas de tus emociones para luego pedir apoyo. Lo primero genera enfado; lo segundo, respeto.

Una de las razones por las que la gente continúa en relaciones tóxicas es el miedo al dolor que les espera si deciden irse. Por aterrador que pueda ser, enfrentarse a ese dolor es un paso clave en el camino hacia la independencia emocional. El secreto para lidiar con el dolor de una ruptura es recordar que este viene en oleadas. Hay momentos en los que el dolor alcanza cotas insoportables y el mundo parece estar a punto de derrumbarse. Entonces, solo debes recordar que esos momentos nunca duran demasiado. Tener esto presente te enseña a conservar la perspectiva en los momentos más sombríos, lo cual es una habilidad que te servirá para el resto de tu vida.

Por lo general, tus pensamientos en esos momentos dolorosos no reflejan con demasiada fidelidad la realidad de la situación. No es cierto que nunca vayas a estar con nadie más, que todo fuese culpa tuya, que la relación aún pudiese funcionar o que estar con esa persona fuese una pérdida de tiempo. Sentirse así es del todo normal: simplemente estás en el momento de tocar fondo, así que debes reconocerlo como tal y ponerle freno en el acto.

Para poner fin a una relación y poder superarla, también es necesario cierto autocontrol conductual, lo que implica tener cierta disciplina en cuanto a la forma de hablarle a tu expareja y la información que le revelas.

Mantener tus hábitos personales

Cuando gestionas tu día a día con disciplina, creas una estructura invisible que no se desmorona cuando una relación llega a su fin. Esto incluye tus hábitos diarios en relación con las comidas, el sueño, el ejercicio y el tiempo que pasas a solas. También puedes incluir en esta lista la disciplina con la que afrontas todo aquello que tiendes a evitar. Estos hábitos mundanos constituyen los cimientos de una identidad independiente, porque no dependen de nadie más que de ti. Las personas sin independencia no tardan ni un segundo en renunciar a la poca estructura que tienen tan pronto como se embarcan en una nueva relación, lo cual nunca es buena señal. La mejor manera de mantener la estructura consiste en realizar una revisión vespertina. Solo te llevará dos minutos. Anota todo aquello que deberías haber hecho durante el día que recién termina pero que evitaste hacer y, a continuación, escribe lo que te comprometes a hacer al día siguiente. La disciplina no es más que entablar una relación productiva con el tiempo, y nadie puede darse el lujo de echar a perder una relación así.

Desarrollar intereses externos

De manera inconsciente, las personas dependientes buscan renunciar a cualquier interés que sea ajeno a la relación. Esta tendencia es el resultado lógico de ver a su cónyuge como esa figura mágica que las protegerá del mundo. Tener una verdadera identidad propia implica asumir la responsabilidad de avanzar en la vida, y algunos de esos avances deben hacerse fuera del matrimonio. Esto incluye cosas como las amistades, las aficiones y las actividades de voluntariado o artísticas. Tu pareja debería apoyar lo que quiera que sea importante para ti, incluso —y en especial— si no lo involucra. Si conoces a alguien que te exige renunciar a tales intereses, vas a acabar teniendo problemas.

Realizar actividades que representen un avance en tu vida es fundamental para evitar retomar el contacto con alguien una vez terminada la relación.

Desarrollar tu independencia emocional es todo lo contrario a mirarte el ombligo: requiere disciplina y someterte a algo más grande que tú mismo. Con trabajo duro, puedes desarrollar la capacidad de superar el pasado, elegir una buena pareja y construir una relación estable y duradera.

Conservar la motivación

AMUCHOS DE NOSOTROS nos parece imposible encontrar la paz en el mundo de hoy. El estrés nos sigue adondequiera que vamos. Por dura que sea la vida, lo cierto es que la hacemos más estresante de lo que debería ser. Trabajamos en exceso, sobrecargamos el horario de nuestros hijos y nos metemos en peleas que podríamos evitar. Prestamos demasiada atención al mercado de valores, presenciamos cada crisis que ocurre a través de las noticias y nos enviamos correos electrónicos de manera frenética. Es como si fuésemos adictos a vivir al borde del caos y el desastre. ¿Por qué decidimos vivir en el ojo del huracán? Y aunque no tengamos ninguna intención de torturarnos a nosotros mismos, ese suele ser el resultado.

Somos adictos al estrés porque no sabemos cómo motivarnos sin él. En el mundo moderno, lo buscamos todo fuera de nosotros mismos, incluso la motivación. Nos vemos incapaces de pasar a la acción si no nos seducen, obligan, asustan o enfurecen. La cuestión es que esta clase de energías generan un tremendo estrés y, a la larga, acaban fallándonos y dejándonos a nuestra suerte sin propósito ni dirección. Todo cuanto queda a su paso es el propio estrés.

Tenía una paciente que era un sorprendente ejemplo de ello. Se trataba de una diseñadora de *software* que, a sus veintitantos años, iba a la deriva sin ningún tipo de rumbo ni confianza. Al cumplir los treinta, la contrató un hombre con mucho empuje que acababa de montar su propia empresa. Aquel hombre supo ver el potencial oculto de ella y le fue dando cada vez más responsabilidades. Mi clienta fue ascendiendo en la empresa y, en muy poco tiempo, ya estaba supervisando a muchas personas y viajando por todo el mundo. La mujer tímida y pasiva que solía ser se convirtió en una dinamo cargada de seguridad y creatividad.

—Me sentía como una bala —me dijo.

Aquella era su forma de describir todo aquello. Entonces, le pregunté cómo había logrado alcanzar ese nuevo estado, a lo que me contestó:

—No lo alcancé; simplemente lo tomé prestado.

Lo que quería decir con aquello era que no se había motivado a sí misma. Había sido su jefe quien había generado aquella energía en ella y le había dado un rumbo, algunas veces gracias al poder de la inspiración, y otras —las más— recurriendo al poder del miedo.

—No me atrevía a no estar motivada. Sentía que no tenía otra opción —afirmaba.

Conforme la empresa fue creciendo, él le exigía cada vez más y más, hasta que el nivel de estrés de mi clienta alcanzó cotas astronómicas y la llevó a dejar su trabajo.

En un primer momento, se creyó afortunada. El mercado de valores todavía estaba en alza y los dividendos de sus acciones le permitían no tener que volver trabajar. Fue así como se propuso crear una vida perfecta libre de estrés. Se casó con un tipo que era lo opuesto a su jefe: un profesor universitario que rara vez levantaba la voz. Tenían dos hijos y vivían en una casa preciosa, y no le faltaba la ayuda ni el tiempo libre. En definitiva, estaba viviendo su sueño. Sin embargo, algo fallaba. Fue entonces cuando la conocí.

Empezó a venir a terapia porque su nivel de estrés estaba volviendo a subir. Se peleaba con su marido por nimiedades, y aquel hombre tan afable había comenzado a chillarle un día sí y otro también. La procrastinación se encargaba de arruinar el resto de su vida. Pagaba las facturas a fecha vencida y no lograba ducharse y vestirse hasta que ya era demasiado tarde para llegar a tiempo. Lo peor de todo era que se pasaba las horas hipnotizada frente al televisor porque había perdido todo sentido de propósito y autoestima. Estaba completamente confundida.

—No logro entender cómo he llegado a este punto. Había diseñado una vida totalmente nueva, pero estoy tan tensa como cuando trabajaba. Solo que ahora ni siquiera estoy logrando nada.

Aquello no entrañaba ningún misterio para mí. Seguía arrastrando el mismo problema que ya tenía al principio: era incapaz de encontrar la motivación interna. Cualquiera con este tipo de problema —lo que representa la inmensa mayoría de las personas— tratará de buscar la energía y el rumbo que necesita fuera de sí mismo. Durante un tiempo, ella los encontró en un jefe exigente que la llevaba a golpe de batuta y que literalmente la aterrorizaba para que diese lo mejor de sí. Sin él, su motivación era nula. Entonces, de manera inconsciente, se dedicó a crear nuevos estímulos externos, como las peleas con su marido, las exigencias de su amiga o el miedo a una factura impagada. Por desagradables que fuesen todas esas experiencias, enviaban un aluvión de energía por todo su cuerpo. Estaba totalmente enganchada al estrés.

Cuando recurres a estímulos externos para avanzar en la vida, estás confiando en lo que yo denomino el *sistema de motivación inferior*, una rama del canal inferior que ya mencioné con anterioridad. Esta mujer necesitaba el estrés para motivarse, al igual que otras personas se vuelven dependientes de las drogas, la cafeína, los medios de comunicación o incluso el sexo para funcionar. Se trata de un sistema inferior porque emana de una parte pasiva e infantil de nosotros mismos que rehúye cualquier responsabilidad.

Cuando tu energía proviene de algo exterior a ti, no puedes confiar en que te ayudará a superar los momentos de adversidad. En los momentos más sombríos, pierdes los papeles y te rindes. Esa energía procedente del exterior llega en rachas, lo que te mantiene corriendo de un lado a otro frenéticamente, pero sin tener demasiado claro tu rumbo ni objetivos. Toda muestra cultura está diseñada en torno a este sistema de motivación inferior. La publicidad, la comida rápida y el constante bombardeo de mensajes en nuestro teléfono móvil sugieren que podemos conseguir cualquier cosa que necesitemos en ese preciso instante. Somos como ratas de laboratorio que no dejan de accionar las mismas palancas, una y otra vez, sin ningún propósito superior. El mundo moderno ha destruido nuestra fuerza de voluntad, pero nos movemos con tanta rapidez que tan siquiera nos damos cuenta.

El principal desafío al que nos enfrentamos hoy es justamente la pérdida de la fuerza de voluntad, algo que la psicología suele pasar por alto como si se tratase de un tema superfluo.

Sin embargo, no lo es.

Cuando a alguien le flaquea la fuerza de voluntad, no puede encontrarse a sí mismo, pues pierde de vista quién es en realidad al dejarse dominar por las personas y cosas de su alrededor. Y ahí no acaba todo: el estrés que necesita para motivarse lo condena a un estado perpetuo de negatividad.

A la postre, recuperar tu fuerza de voluntad se trata de una cuestión espiritual. La parte de ti capaz de seguir su propio camino independiente sin dejarse afectar por las distracciones externas es tu ser superior, pues te conecta con esas fuerzas superiores imparables que no dependen de nada exterior a ti. Lo único que puede darle sentido a tu vida es tu ser superior.

Para activarlo, puedes recurrir a lo yo denomino el *sistema motivacional superior*. Se trata de un sistema que genera su propia energía y que nunca deja de avanzar por muy difícil que sea la vida. El secreto de este sistema reside en dotar de sentido cada día que vivas, cada acción que realices. Esta percepción de que todo es relevante pasa a convertirse entonces en tu fuente de energía.

A la sociedad actual puede parecerle extraña la idea de que el sentido genera energía. Sin embargo, es algo que todos hemos experimentado. Rememora algún momento en el que hayas ayudado a alguna persona desconocida. Puede tratarse de cualquier gesto nimio, como cederle a alguien tu asiento en el autobús. En ese momento, no actuaste movido por el miedo ni el conflicto, y tampoco te aguardaba ninguna promesa de gratificación inmediata. Hiciste lo que hiciste porque sentías que era lo correcto. Fue algo significativo. En ese instante, actuaste movido por una fuerza superior.

El truco consiste en ser capaz, a cada momento del día, de reproducir ese sentido de relevancia, esa sensación de que hay algo de *correcto* en lo que estás haciendo. De este modo, puedes acceder a una fuente inagotable de fuerza de voluntad que no nace del estrés y que no se agota si no obtienes los resultados que deseas a la primera de cambio. Por otro lado, tendrás también más calma y determinación, que es lo que distingue al yo superior. ¿Cómo es posible crear ese sentido de relevancia? En parte, poniéndote al servicio de los demás, aunque eso no te ayudará a avanzar hacia tus metas personales. Haces que tu vida cobre sentido cuando consigues que todo cuanto haces a lo largo del día forme parte del plan que te habías propuesto de antemano. Cada gesto se vuelve entonces significativo, porque representa el cumplimiento de la promesa que te hiciste a ti mismo; de ahí que lo percibas como *correcto*. En este sentido, no importa la magnitud del gesto: los pequeños son tan significativos como los grandes.

Aunque la teoría del sistema motivacional superior es muy simple, la práctica no lo es tanto. Es parte de la naturaleza humana cansarse o distraerse por el camino y volver a los viejos hábitos caóticos, así como al estrés que los acompaña. Por lo tanto, necesitas algún tipo de instrumento que te permita realizar un seguimiento del sistema y mantenerlo a raya. Puedes emplear la revisión vespertina que ya mencioné antes. Basta con dedicar cinco minutos antes de acostarte a diseñar la estructura del día siguiente y ponerla por escrito. Para empezar, debes esbozar el día en líneas generales. Necesitas tener una idea clara de lo que harás en las diversas partes del día, como cuándo comerás, escribirás, harás los recados o harás ejercicio. Puedes saltarte el plan en caso de emergencia, pero el objetivo es cumplirlo tan a rajatabla como te sea posible. Cuando lo haces, puedes crear —literalmente— el día a tu antojo; conforme vayas avanzando a lo largo de la jornada, sentirás que todo cobra sentido. Esto es particularmente importante si no tienes un trabajo al que ir.

A continuación, elige al menos una tarea que suelas evitar y adquiere el firme compromiso de llevarla a cabo. A ser posible, fija incluso la hora exacta a la que la realizarás. Cuando completes la tarea que te has propuesto al día siguiente, experimentarás lo que se siente al respetar tus propias promesas.

Cuando te riges por un sistema motivacional superior, no actúas solo para lograr algo, sino por el efecto que esa acción surte en ti, pues te conecta con las fuerzas superiores y te permte dejar a un lado el estrés para encontrar el poder que hay en ti.

Encontrar la paz por separado: la culpa y la familia

UNA VEZ, TRATÉ A UNA MUJER cuyo padre la estaba haciendo enfermar, de manera literal. Estaba divorciada, tenía un hijo en la universidad y vivía sola en un pequeño apartamento. Su padre gozaba de perfecta salud. Pero, a sus setenta años, decidió que ya era el momento de no tener que cuidar más de sí mismo, así que se le ocurrió una solución muy simple: mudarse con su hija. El caso es que en ningún momento le comunicó a esta su decisión; sencillamente empezó a presentarse en casa de su hija sin previo aviso, de modo que cuando ella llegaba a casa de trabajar, se lo encontraba dormido en el sofá de su salón. Al poco, ya lo tenía allí todo el tiempo. De repente, el hombre dejó de hablar con sus amigos o con otros familiares, y ella pasó a ser el centro de su universo. Cuando mi clienta salía por las noches o los fines de semana, él se ponía a lloriquear como un niño abandonado. Con el paso de las semanas, fue volviéndose cada vez más infantil. Empezó a no querer hacerse de comer ni ocuparse de su higiene personal. Tampoco compraba nada para casa ni le ofrecía a su hija pagar parte del alquiler. Al principio, ella se mostró comprensiva. Diez años antes, su padre había sufrido una depresión y la medicación lo había ayudado a salir del pozo, así que se ofreció a acompañarlo al psiquiatra y a buscarle un apartamento cerca de ella con un alquiler asequible. Sin embargo, él se negó en rotundo. No quería ayudarse a sí mismo; lo único que quería era quedarse acurrucado en el sofá. Aquel hombre no solo se había apoderado del apartamento de su hija; se había apoderado de la vida de esta.

Aquella reacción, por muy natural que fuese, a ella le sentó como un tiro, por lo que empezó a odiar a su padre.

—Cada vez que llego a casa, me encuentro con una persona sentada de morros en mi sofá. Lo único que me entran ganas de hacer es irme a mi habitación y cerrar la puerta. No quiero ni mirarlo.

Sin embargo, por muy enfadada que estuviese, se sentía impotente ante la resistencia pasiva de su padre. No tenía ningún problema para plantarle cara a su jefe; pero, cuando se trataba de la familia, se le iba la fuerza por la boca. Tras varios meses en un punto muerto, su salud empezó a resentirse. Primero tuvo episodios de colitis —que ella calificó de indigestiones—. No obstante, cuando se le empezaron a caer mechones de pelo, no le quedó más remedio que admitir que estaba en apuros. A pesar de todo, lo primero que me preguntó nada más conocerla fue cómo podía ayudar a su padre. Yo le sugerí que se olvidara de ayudarlo por el momento. Antes, tenía que lidiar con algo que la atañía a ella: la culpa.

Tanto su padre como su madre eran inmigrantes, que lo habían pasado mal durante los primeros años tras su llegada a Estados Unidos. Criaron a sus cuatro hijos para guardar lealtad absoluta a la familia, asegurándoles que era lo único en lo que podían confiar. El mayor pecado que podían cometer era no cumplir con las expectativas de un familiar, y en especial de sus padres. Mi paciente sabía de sobra que aquello era excesivo. De hecho, no crió así a su propio hijo. Sin embargo, cuando se trataba de su propio padre, no podía liberarse del condicionamiento que había recibido. Estaba dispuesta a hacer cualquier cosa que él le pidiera con tal de evitar el aplastante sentimiento de culpa de ser una *mala hija*. Sin embargo, tras la muerte de su madre, las expectativas de su padre se habían vuelto desmesuradas. Ahora se encontraba entre la espada y la pared: estaba demasiado enfadada como para plegarse a sus exigencias, pero a su vez se sentía demasiado culpable como para decirle que no.

—¿Cómo me quito la culpa de encima? —me preguntó.

Yo le expliqué que no podía hacerla desaparecer (o al menos no de inmediato), pero podía hacer algo más importante: podía cambiar su forma de *reaccionar* a la culpa. Al igual que le ocurre a la mayoría de la gente, cuando un familiar la hacía sentir culpable, su suposición inmediata era que había hecho algo mal. Entonces, se derrumbaba y cedía a sus exigencias solo para escapar al dolor. Por lo tanto, el primer paso para sanarse a sí misma consistía en no ceder por mucho que se sintiera culpable; es decir, en tolerar la culpa y no hacer absolutamente nada. Para alcanzar semejante estado, antes de nada debía cambiar su percepción de la culpa: debía dejar de verla como una señal de que había hecho algo mal, sino como una señal de que había hecho algo *bien*.

Para darme mejor a entender, le pregunté por qué no había criado a su hijo condicionándolo del mismo modo que sus padres la habían condicionado a ella.

—Porque quiero que siga su camino solo, que sea independiente.

Su hijo era afortunado de tenerla como madre, porque ella le estaba dando el mayor regalo de todos: su individualidad.

La individuación es el proceso por el que crecemos y nos separamos de nuestra familia de origen. Pero, en muchos casos, la familia se resiste a semejante proceso. Los padres tienen miedo de que, si dejan a su hija volverse independiente, llegue el día en que esta deje de ser un miembro de la familia amoroso y hogareño. Como resultado, crean un marco rígido de expectativas y entrenan a la niña para que se sienta culpable si no las acepta. Cuando alguien que se ha criado en un entorno así experimenta esta clase de culpa, significa que ha tenido el coraje de decir que no a las expectativas de sus padres y de definir por sí mismo lo que cree que es correcto. La culpa simplemente indica que la persona está siendo fiel a sí misma.

Las emociones dolorosas como la culpa pueden tener un valor positivo. A veces, no indican fracaso, sino progreso. Todos hemos vivido en nuestras propias carnes algo así en el gimnasio: cuando te duelen los músculos durante un entrenamiento, le atribuyes a ese dolor un valor positivo, porque te está haciendo más fuerte. Sin embargo, la culpa no siempre implica que hayas hecho algo bien. Además, también existe otro tipo de culpa que surge cuando transgredes tus propios estándares de conducta. En esos casos, hay algo que, en efecto, *has* hecho mal, no de acuerdo con las expectativas de los demás, sino con tu propio sentido de lo que es correcto. Esa clase de culpa es lo que suele conocerse como mala conciencia. Lo paradójico del asunto es que no puedes tener estándares realmente propios hasta que no te has individuado.

Armada con una nueva herramienta, la mujer comenzó a negarse a las exigencias de su padre. Enseguida pudo reconocer la culpa que sentía como un indicador inverso y, por primera vez en su vida, se mantuvo firme.

Cuando las personas pasan por este proceso de individuación y aprenden a decir que no a sus familiares, casi siempre temen volverse frías o insensibles. Asumen que volverse independientes de su familia romperá el lazo que mantienen con ella. Pero nada más lejos de la realidad. El proceso de individuación permite a la persona ser emocionalmente libre, lo que significa que puede decidir no atender a las exigencias de alguien y, *al mismo tiempo*, mostrarse afectuosa con él. Ambas personas se vuelven entidades separadas que siguen estando conectadas. De hecho, están emitiendo dos energías distintas a la vez. Estas son las dos energías básicas que existen en el universo: la que nos separa como individuos y la que nos conecta en un todo. Esta capacidad emocional de aunar ambas energías es la verdadera definición de la individuación. Sin ella, cada interacción se vuelve una cuestión de blanco o negro: o te sometes de forma pasiva, o luchas hasta la muerte. Estas interacciones que no tienen término medio son la fuente de la violencia emocional y física que ocurre en los hogares.

El secreto para emplear ambas energías a la vez radica en la proactividad emocional. Cada vez que tengas que decir que no —y en especial si se trata de alguien cercano a ti—, equilibra esa energía tomando la iniciativa de estrechar lazos con la otra persona. Puedes hacerlo con tu tono de voz, tocándola o tomándote unos instantes para explicar tu postura —pero sin pedir permiso—. El amor que le expreses no te hará parecer débil. Cuando la otra persona sienta tu voluntad de mantener el vínculo, parecerás más fuerte, aun cuando no le guste la postura que estás adoptando.

Mi clienta puso en práctica estos consejos con su padre. Dejó de prepararle todas las comidas —ya que él no tenía ningún problema para hacérsela— y, en lugar de dar un portazo y quedarse encerrada en su habitación, empezó a prepararse la cena solo para ella y a hablar con él mientras comía. Para su asombro, él comenzó a ser más respetuoso con su tiempo y espacio. Al poco, aplicó esa misma actitud a otras áreas de su vida; en cosa de un mes, su padre había conseguido su propio apartamento. Su individuación lo había inspirado a crecer.

Desarrollar nuestra propia individualidad puede ayudar también a nuestra familia. Tiene toda la lógica del mundo. Cuando te mantienes fiel a quien eres, tu relación con la familia se vuelve más real. Solo lo que das a los demás desde tu libre albedrío tiene un valor duradero. La familia moderna debe evolucionar hacia una estructura en la que todos sus integrantes sean libres de ser quienes son sin perder el vínculo por ello. De lo contrario, la unidad familiar quedará más destrozada de lo que ya está. Esta idea de que el grupo necesita la energía separada de cada individuo ya está muy asentada en el mundo de los negocios, donde los directivos ya consultan a los trabajadores de la línea de montaje para saber cómo pueden mejorar sus productos.

Desde una perspectiva más elevada, todo ello no es más que una expresión de nuestra evolución espiritual. Simplificando en exceso algo sumamente profundo, puedes pensar que la evolución se compone de tres fases. En la primera fase, la raza humana es un todo, pero nadie tiene conciencia de sí mismo como individuo. Esto es lo que en la Biblia se conoce como el jardín del Edén. En la segunda fase, ese organismo colectivo se divide en individuos separados, cada uno de los cuales empieza a ser consciente de sí mismo a costa de perder el vínculo con sus semejantes. La historia de la caída del hombre representa justamente este fenómeno, que hoy queda reflejado en el debilitamiento de nuestras instituciones sociales, como nuestras comunidades, escuelas y familias. Nos hemos visto reducidos a un grupo de personas hiperindividualistas, desconectadas las unas de las otras. La etapa final aún está por llegar. Por último, acabaremos conservando nuestra individualidad a la par que volvemos a unirnos como la gran familia humana que somos. Para mí, este es el objetivo final de la evolución: que cada cual adquiera conciencia de su separación y conexión simultánea como individuo. Dado que el trabajo para separarte de tu familia exige estas dos fuerzas opuestas, hacerlo constituye un paso hacia dicha meta evolutiva.

Este mismo proceso es el que está haciéndonos evolucionar también como país en Estados Unidos. En la actualidad, nos enfrentamos, como jamás lo habíamos hecho antes, a numerosos desafíos de gran complejidad. Y no podemos quedarnos sentados de brazos cruzados, pues hacer algo así sería como si la mujer de antes le hubiese cedido el apartamento a su padre. Sin embargo, no podemos superar los numerosos problemas a los que nos enfrentamos —como en el ámbito geopolítico, por ejemplo— sin acercarnos al resto de la familia mundial, lo que implica mostrar cierto respeto por sus puntos de vista, aun cuando no estamos de acuerdo. Al igual que alguien que encuentra su propia identidad dentro de su familia, tenemos que aprender a ser proactivos e inclusivos al mismo tiempo. Un gesto así serviría de inspiración para el resto del mundo. Desde luego, no es una solución que se preste a la polémica ni que satisfaga a las personas de posturas más extremistas, pero es la solución al desafío espiritual que hoy afrontamos.

Creo que nuestra supervivencia depende de ello.

Agradecimientos

H<small>E TENIDO LA SUERTE</small> de contar con el apoyo de un grupo de personas con muchísimo talento que estaban tan entusiasmadas con el libro como yo. Cada una de ellas ha sido crucial para que este llegase a buen puerto.

Muchas gracias a Barry Michels, Jamie Rose, Alicia Wells, Julia Stutz, Aline Garcia, Marisela Jiménez, Sarai Jiménez, Kristan Sargeant, Ben Greenberg y Jennifer Joel.

Sobre el autor

PHIL STUTZ SE GRADUÓ en el City College de Nueva York y se doctoró en la Universidad de Nueva York. Trabajó como psiquiatra penitenciario en Rikers Island y luego estuvo ejerciendo en consulta privada en Nueva York hasta que decidió trasladar su gabinete a Los Ángeles en 1982. Netflix estrenó en 2022 un documental basado en su propia vida titulado *Stutz*.

GRUPO GAIA

Para más información
sobre otros títulos de
GAIA EDICIONES

visita
www.grupogaia.es
Email: grupogaia@grupogaia.es
Tel.: (+34) 91 617 08 67